मन की शक्तियाँ

स्वामी विवेकानन्द

प्रभाकर प्रकाशन

HB ISBN: 978-93-67930-98-4
ISBN: 978-93-67930-05-2
eISBN: 978-93-67930-94-6

प्रकाशक: प्रभाकर प्रकाशन
प्लॉट नं.-63, प्रथम तल, मेन मदर डेयरी रोड
पांडव नगर, ईस्ट दिल्ली-110092
फोन: 011-40395855
व्हाट्स ऐप: +91 9319228272
ई-मेल: sales@pharosbooks.in
वेबसाइट: www.prabhakarprakashan.com

संस्करण: 2025

मुद्रक: मणिपाल टेक्नोलॉजीज लिमिटेड, मणिपाल

मन की शक्तियाँ
स्वामी विवेकानन्द

अनुक्रम

आत्मौपम्येन सर्वत्र समं पश्यति योऽर्जुन।

सुखं वा यदि वा दुःखं स योगी परमो मतः॥32॥

जो योगी अपनी भाँति संपूर्ण भूतों में सम देखता है और सुख अथवा दुःख को भी सब में सम देखता है, वह योगी परम श्रेष्ठ माना गया है।

चञ्चलं हिमनः कृष्ण प्रमाथि बलवद्दृढम्।

तस्याहं निग्रहं मन्ये वायोरिव सुदुष्करम् ॥34॥

यह मन बड़ा चंचल, प्रमथन स्वभाव वाला, बड़ा दृढ़ और बलवान् है। इसलिए उसको वश में करना मैं वायु को रोकने की भाँति अत्यंत दुष्कर मानता हूँ।

असंशयं महाबाहो मनो दुर्निग्रहं चलम्।

अभ्यासेन तु कौन्तेय वैराग्येण च गृह्यते ॥35॥

निःसंदेह मन चंचल और कठिनता से वश में होने वाला है; परंतु हे कुंतीपुत्र अर्जुन! यह अभ्यास और वैराग्य से वश में होता है।

–श्रीमद्भगवद्गीता, अध्याय 6

1
स्वामी विवेकानन्द : एक परिचय

मुझे एक ऐसे देश का व्यक्ति होने का अभिमान है, जिसने इस पृथ्वी के समस्त धर्मों और देशों के उत्पीड़ितों तथा शरणार्थियों को आश्रय प्रदान किया है। मुझे आपको यह बताते हुए गर्व का अनुभव होता है कि हमने अपने वक्ष में यहूदियों के विशुद्धतम अवशिष्ट अंश को स्थान दिया था, जिन्होंने दक्षिण भारत में आकर उसी वर्ष शरण ली थी, जिस वर्ष उनका पवित्र मंदिर रोमन जाति के अत्याचार से धूल-धूसरित कर दिया गया था। ऐसे धर्म का अनुयायी होने में मैं गर्व का अनुभव करता हूँ, जिसने महान जरथुष्ट्र जाति के अवशिष्ट अंश को शरण दी और जिसका पालन वह अब तक कर रहा है।

ऐसे महान शब्दों का शंखनाद करने वाले ओजस्वी संन्यासी स्वामी विवेकानन्द का जन्म बंगाल प्रेसीडेंसी और भारत की तत्कालीन राजधानी कलकत्ता (वर्तमान कोलकाता) में 12 जनवरी, 1863 ई. को हुआ था। इनकी पारिवारिक पृष्ठभूमि बड़ी सशक्त और कुलीन थी। समाज में अपना अभिजात वर्ग में स्थान रखने वाले दत्त परिवार की प्रसिद्धि उनके पुरखों की विद्वता और व्यवहार से स्थापित हुई थी।

विवेकानन्द के पिता का नाम विश्वनाथ दत्त और माता का नाम भुवनेश्वरी देवी था। बच्चे के नामकरण के विषय में जब भुवनेश्वरी देवी से पूछा गया तो उन्होंने शिव को नमन करते हुए अपने नवजात पुत्र का नाम वीरेश्वर रखने की बात कही। उनकी इच्छा को ध्यान में रखते हुए इसी नाम के घरेलू संस्करण के रूप में शिशु को 'बिले' कहकर पुकारा गया। बालक सभी का बड़ा प्रिय था, इसलिए बारी-बारी से सभी परिजनों को उसे गोद में खिलाने का समुचित समय निर्धारित करना पड़ा था। जब अन्नप्राशन संस्कार हुआ तो विधि-विधान से बिले का नाम 'नरेंद्रनाथ दत्त' रखा गया।

गोद में खेलने वाले नरेंद्र धीरे-धीरे जमीन पर चलने लगे। अब उनमें हर चीज को ध्यान से देखने और जानने की जिज्ञासा जाग्रत होने लगी। बचपन से ही साधारण बालक से इतर उनके व्यवहार में त्वरित प्रक्रिया और जिज्ञासा का भाव अधिक था। अपने आसपास के वातावरण को वे बड़े गौर से देखकर ही प्रतिक्रिया देते थे। बाल-सुलभ चंचलता के साथ ही उनमें अद्भुत गंभीरता भी थी। जब माता उन्हें रामायण, महाभारत और पुराणों के रोचक प्रसंग सुनातीं तो वे बड़े ध्यान से सुनते थे और बीच-बीच में प्रश्न भी करते रहते थे। कई बार तो वे ऐसे प्रसंगों की अतिरंजिता पर भी सवाल कर देते थे और कई बार किसी असंभव-सी बात को सुनकर हठ कर बैठते थे कि वैसा कैसे हो सकता था? यह तो असंभव है।

वेदों, पुराणों, उपनिषदों आदि ग्रंथों के प्राचीन प्रेरणामयी चरित्रों का वर्णन वे बचपन से सुनते आए थे। भगवान श्रीराम के आदर्शों पर उनकी बड़ी श्रद्धा थी। इसके साथ ही वे भगवान शिव के विविध चरित्रों से भी बहुत प्रभावित थे। वे मेले से राम-सीता की सुंदर मूर्तियाँ लाए थे और उनकी पूजा करते थे, फिर वे भगवान शिव की भी पूजा करने लगे। पूजा करते समय वे इतने ध्यानमग्न हो जाते कि उन्हें अपनी स्थिति का भी कुछ ध्यान न रहता था। एक दिन वे इसी

प्रकार ध्यानमग्न थे, तभी वहाँ कहीं से एक विषधर सर्प आ गया, जो उनके समीप ही रेंगने लगा। उनके मित्रों ने जब यह दृश्य देखा तो भय से शोर मचाने लगे, लेकिन नरेंद्र स्थिर चित्त से ध्यानमग्न रहे। शोर सुनकर सारा परिवार वहाँ आ गया था और सबके होश उड़े हुए थे। नाग और नरेंद्र के बीच अधिक दूरी नहीं थी। नरेंद्र उस स्थिति में भी जैसे उस गंभीर संकट से अनभिज्ञ थे। किसी प्रकार की मदद का प्रयास उस नाग को हमले के लिए भड़का सकता था।

फिर अचानक न जाने क्या हुआ कि नाग वहाँ से रेंगते हुए कमरे में ही कहीं लुप्त हो गया। सबने राहत की साँस ली। माता झपटकर अपने पुत्र को बाँहों में लेकर रोने लगीं। नरेंद्र समाधि से बाहर आए। वे अपने आसपास परिजनों तथा मित्रों को बदहवास खड़े देखकर चकित रह गए और बड़े भोलेपन से अपनी माता से इसका कारण पूछा कि माँ, क्या हुआ? सब लोग इतने परेशान क्यों हैं? माता कहने लगीं- बिले बेटा! आज भगवान शिव की बड़ी कृपा हुई, जो तुम्हारा जीवन सुरक्षित रहा। एक भयानक नाग तुम्हारे पास आ गया था। तुमने अच्छा किया, जो जरा भी हिले-डुले नहीं, अन्यथा वह नाग तुम पर झपट पड़ता।

नरेंद्र ने सहज भाव से कहा- माँ, मुझे तो अपने पास नाग के होने का आभास तक नहीं था। मैं तो शिव के ध्यान में आनंदमग्न था। वैसे भी नाग तो शिव के ही कंठमाल होते हैं। वह मुझे क्यों हानि पहुँचाता।

नरेंद्र के मित्र सुरेंद्रनाथ के घर दक्षिणेश्वर के महासाधक का आना हुआ तो स्वाभाविक रूप से उनके समर्थक भी बड़ी संख्या में आए थे। संध्या समय सुरेंद्रनाथ ने अपने गुरुदेव का मन बहलाने के लिए भजन कार्यक्रम का आयोजन किया जिसमें अपने मित्र नरेंद्र को भी बुलाया। नरेंद्र अपने मधुर कंठ से बड़े भक्ति-भाव से भजन गाते थे। नरेंद्र ने इस कार्यक्रम में पूरे समर्पण भाव से भजन सुनाए। उनके भजन सुनकर रामकृष्ण परमहंस भाव-विभोर होकर उन्हें अपलक देखते रहे। जब जाने का समय हुआ तो परमहंस जी ने उस युवा गायक के मधुर

कंठ की प्रशंसा की और नरेंद्र को दक्षिणेश्वर आने का आमंत्रण दिया जिसे सहज भाव से नरेंद्र ने भी स्वीकार कर लिया। यह एक छोटी-सी औपचारिक भेंट मात्र थी।

इसके बाद नरेंद्र ने अपनी पढ़ाई में ध्यान लगाया, लेकिन इसके साथ ही उनकी वैचारिक व्यावहारिकता में तेजी से वृद्धि होने लगी थी। अब वे विरक्ति की ओर झुक गए थे। माता-पिता उनकी इस दशा पर चिंतित रहने लगे और उनके विवाह की बात चलाई गई। नरेंद्र कुछ क्षण मौन रहे फिर बोले कि पिताजी! मुझे क्षमा करें। मैं विवाह नहीं कर सकता। मेरा लक्ष्य जीवन के इस पारंपरिक मार्ग पर चलना नहीं, बल्कि कुछ नए मार्गों की खोज करना है। स्वमुक्ति से सर्वमुक्ति की राह की खोज करना है। विश्वनाथजी ऐसे पिता नहीं थे, जो सुयोग्य पुत्र पर अपने विचार थोपते। अतः उन्होंने अधिक कुछ न कहकर उनके निर्णय को अर्द्ध-स्वीकृति दे दी। यद्यपि अन्य परिजनों और मित्रों के माध्यम से नरेंद्र को समझाने के प्रयास उन्होंने फिर भी किए।

जब चारों ओर से दबाव पड़ने लगा तो नरेंद्रनाथ की मानसिक शांति भी भंग हो गई थी। उनके एक चिकित्सक मित्र रामचंद्र दत्त रामकृष्ण परमहंस के शिष्य थे। उन्होंने नरेंद्रनाथ की मानसिक स्थिति को भाँप लिया और उन्हें यह सलाह दी- “नरेंद्र, यदि शांति चाहते हो तो दक्षिणेश्वर चले जाओ। तुम्हें सत्य की खोज करनी है तो उसके लिए माध्यम की जरूरत होगी और वह तुम्हें दक्षिणेश्वर में ही प्राप्त होगा।”

नरेंद्र को इस बात से कुछ शांति तो मिली, लेकिन वे इस बात से आश्वस्त नहीं थे कि साधारण संत सत्य की खोज का माध्यम बन सकता है, फिर भी उन्होंने दक्षिणेश्वर जाने का निर्णय लिया। एक दिन कुछ मित्रों के साथ वे वहाँ जा पहुँचे। उस समय रामकृष्ण परमहंस कुछ शिष्यों के साथ चर्चा में व्यस्त थे। जब उन्होंने नरेंद्र को देखा तो प्रसन्नता से उनके नेत्र चमक उठे और बड़े प्रेम से उन्होंने नरेंद्र को अपने पास बिठाकर उनसे बात की। नरेंद्र आश्चर्य में थे कि वह

संन्यासी क्यों उनसे इस प्रकार बात कर रहा था, जैसे वर्षों से परिचित हो। लेकिन अभी तो आश्चर्य और भी होने थे।

जब रामकृष्ण उन्हें एकांत में ले गए तो उनका हाथ पकड़कर भाव-विभोर होकर कहने लगे- "तुम इतने दिनों बाद क्यों आए? मैं तुम्हारे आने की प्रतीक्षा कर रहा था। यह भीड़ जो तुम देख रहे हो, इनसे बातें करते-करते मैं ऊब गया हूँ। इनकी बातों में कोई तत्त्व ही नहीं है। अब तुमसे बातें करके मेरे मन को अवश्य ही शांति मिलेगी। तुम मेरे संतप्त हृदय पर वर्षा की बूँद के समान गिरो।"

नरेंद्र उस व्यवहार पर चकित थे। संत के नेत्रों से निरंतर आँसू गिर रहे थे, जिनकी शीतलता उन्हें और भी चकित कर रही थी। रामकृष्ण जी नरेंद्र से कहने लगे- "तुम नहीं जानते कि तुम कौन हो? मैं जानता हूँ। तुम सप्त ऋषिमंडल के ऋषि हो। इस संसार को आलोकित करने वाले सूर्य हो। तुम ही वह नर रूपी नारायण हो, जो जीव-कल्याण के लिए अवतरित हुए हो।"

नरेंद्र अत्यंत व्यावहारिक थे। किसी बात पर आसानी से विश्वास कर लेना उनका स्वभाव नहीं था। उन्हें रामकृष्ण की बातों में बनावट और अतिशयोक्ति के अतिरिक्त कुछ नहीं लगा। उन्हें प्रतीत हुआ कि यह आदमी पागल है, जो ऐसी बेसिर-पैर की बातें कर रहा है, परंतु उन्हें तब और भी चकित हो जाना पड़ा, जब उन्होंने लोगों के बीच रामकृष्ण को सहज वार्तालाप करते देखा। अब वह पागलपन कहाँ चला गया? यह तो पाखंड जैसा व्यवहार था, लेकिन उनकी बातों में जो गूढ़ता थी, जो प्रभाव था, उसे भी नकारा नहीं जा सकता।

काफी समय तक नरेंद्र निर्विकार, निराश और निष्प्रयोजन भटकते रहे, लेकिन मन का विचलन तो टिकने नहीं देता था। अंततः एक निर्णायक प्रश्न लेकर नरेंद्र फिर से दक्षिणेश्वर पहुँच गए। काफी दिनों के बाद उन्हें वहाँ देखकर सभी बड़े प्रसन्न हुए। रामकृष्ण के नेत्रों से अनुराग बरस पड़ा था। नरेंद्र के नेत्रों में प्रश्न की छाया थी और नैराश्यपूर्ण दृढ़ता से उनका मुख चमक रहा था। अब

नरेंद्र ने प्रश्न किया- “महाराज, क्या आपने ईश्वर के दर्शन किए हैं?” रामकृष्ण ने अविलंब शांत भाव से उत्तर दिया- “मैंने ईश्वर के दर्शन किए हैं। ठीक उसी प्रकार जिस प्रकार मैं तुम्हें देख रहा हूँ। क्या तुम भी ईश्वर के ऐसे ही दर्शन करना चाहोगे? यह असंभव नहीं है। कठिन अवश्य है, परंतु असंभव नहीं! इसके लिए तुम्हें कुछ नियमों का पालन करना होगा।”

रामकृष्ण के शब्दों से नरेंद्र के अति व्याकुल मन को थोड़ी राहत अवश्य मिली, क्योंकि जिस दृढ़ता और विश्वास से रामकृष्ण ने ईश्वर से साक्षात्कार की बात कही थी, ऐसी दृढ़ता से आज तक किसी विद्वान ने नहीं कही थी, परंतु फिर भी नरेंद्र अभी तक रामकृष्ण परमहंस को गुरु के रूप में स्वीकार नहीं कर सके थे।

एक दिन नरेंद्र कुछ माह के बाद दक्षिणेश्वर पहुँचे थे तो परमहंस भाव-विभोर होकर उनसे लिपट गए और उन्हें एकांत में ले जाकर तख्त पर अपने पास बिठा लिया। अचानक ही उनके दाएँ पैर ने नरेंद्र का स्पर्श किया। अचानक जैसे उल्कापात हुआ। नरेंद्र के मनो-मस्तिष्क में हजारों उल्कापिंड तेज प्रकाश के साथ टूट-टूटकर बिखर रहे थे। आँखें खुली थीं और जो घटित हो रहा था, वह दिख रहा था। दीवारें, दरवाजे जैसे अणुओं में बदलकर विलीन हो रहे थे। एक महाशून्य प्रकट हो गया था जिसमें सब समाए जा रहा था। स्वयं नरेंद्र भी खुद को कणों में बदलता महसूस कर रहे थे। अचानक एक अज्ञात भय से वे चिल्ला उठे- “अरे, मैं मरा! यह आपने क्या कर डाला? मेरे माता-पिता....।” फिर रामकृष्ण ने उन्हें सचेत कर दिया।

नरेंद्र सचेत होकर अपलक उन्हें देखने लगे। यह कौन-सा जादू था। वे अपनी इच्छाशक्ति पर बहुत विश्वास करते थे, लेकिन आज एक स्पर्श ने उन्हें सोचने पर मजबूर कर दिया था। वह दिव्य अनुभूति तन-मन को झंकृत कर गई थी। क्षण-भर और उस दशा में रहने की इच्छाशक्ति दिखाई होती तो निश्चय ही कुछ ऐसा विचित्र घटित होता कि जीवन में प्रचंड परिवर्तन आ चुका होता। चूक हो गई, भय हावी हो गया था, जो कि नहीं होना था। विचारों की नई श्रृंखला और

अनुभूतियों के साथ नरेंद्र घर लौटे तो उस दिव्य स्पर्श और उससे हुई अलौकिक प्रतिक्रिया के संदर्भ में ही सोचते रहे।

इस घटना से नरेंद्र के जीवन में क्रांतिकारी परिवर्तन आ गया था। अब सद्गुरु में आस्था और विश्वास दृढ़ हो गए थे। अब विश्वास हो गया था कि ठाकुर अर्थात् परमहंस स्वयंसिद्ध महापुरुष हैं और निश्चय ही ईश्वर से साक्षात्कार कर चुके हैं। उनका पागलों जैसा व्यवहार वास्तव में उनकी शिशुतुल्य निश्छलता का प्रतीक था, न कि उनके मानसिक पागलन का। नरेंद्र अब पूर्णतया गुरु को समर्पित हो गए थे। शंकाएँ नष्ट हो गई थीं। हृदय शांत हो गया था और अंतर्कपाट खुल गए थे। अब नरेंद्र अपनी पढ़ाई पर भी ध्यान देने लगे थे। बी. ए. में प्रवेश लेने के साथ ही वे अपने पारिवारिक व्यवसाय को भी सीखते थे। वे प्रसिद्ध वकील निमाईचरण बोस के सान्निध्य में वकालत सीखने लगे। पढ़ाई-लिखाई के साथ-साथ अध्यात्म पर भी उनकी पकड़ दृढ़ होती जा रही थी।

नरेंद्र ने बी.ए. की परीक्षा उत्तीर्ण करके बी.एल. में प्रवेश ले लिया था। फरवरी, 1884 ई. में नरेंद्र एक दिन अपने एक मित्र के घर गए हुए थे। उनकी मित्रमंडली भी वहाँ मौजूद थी। उनके बीच प्रायः शिक्षा, धर्म, राजनीति और गीत-संगीत पर व्यापक चर्चा होती रहती थी। उस दिन भी ये सभी कार्य हुए और गीत-संगीत का अंतिम दौर चल रहा था। नरेंद्र अपने मधुर कंठ से एक भजन सुना रहा था कि नरेंद्र के घर से एक व्यक्ति ने आकर दुःख भरा समाचार दिया कि उनके पिता विश्वनाथ दत्तजी का आकस्मिक निधन हो गया। नरेंद्र के लिए यह समाचार वज्र के समान था। वे दौड़े-दौड़े घर पहुँचे तो वहाँ रोना-पीटना हो रहा था। माता, भाई-बहन और अन्य परिजन पिता के पार्थिव शरीर से लिपटकर रो रहे थे। नरेंद्र वैसे तो बहुत धैर्यवान थे, लेकिन पिता का पार्थिव शरीर देखकर उनकी आँखें छलक उठीं। इसके बाद उन्होंने स्वयं को संभाला और पिता का विधि-विधान से अंतिम संस्कार किया।

घर में बड़ा होने के कारण सारा दायित्व अब नरेंद्र के कंधों पर था। पहले पिता के समय कितनी निश्चितता और आजादी थी, पर अब पारिवारिक दायित्व उठाने का समय आ गया था। यद्यपि कुछ मित्र आर्थिक सहयोग करने को भी तैयार थे, लेकिन नरेंद्र का स्वाभिमान सामने आ गया। घर में फाके हो रहे थे। छोटे भाई-बहन जब भूख से तड़पते तो नरेंद्र का कलेजा काँप उठता। उन्होंने नौकरी की तलाश की, पर कहीं नौकरी भी नहीं मिल पा रही थी। हताश-निराश नरेंद्र को अब एक ही आसरा था- अपने सद्गुरु का। विपत्ति में गुरु ही मार्गदर्शन करते हैं, यह सोचकर नरेंद्र ने निर्णय लिया कि अब समय निकालकर दक्षिणेश्वर जाना ही होगा।

नरेंद्र समय निकालकर दक्षिणेश्वर पहुँच गए। वहाँ एकांत में गुरु ने शिष्य की दर्द भरी व्यथा सुनी तो जाना कि पारिवारिक समस्याओं ने एक विशुद्ध साधक को दिग्भ्रमित कर दिया है। रामकृष्ण ने उन्हें बड़े प्रेम से समझाया। उस रात नरेंद्र को पिछले दिनों की तुलना में अधिक शांति का अनुभव हुआ। वे एक नई ऊर्जा के साथ अपने घर लौटे। गुरु के आशीर्वाद और अपने प्रयासों से उन्होंने समस्याओं को अधिक महत्त्व न देकर उनके हल खोजने प्रारंभ कर दिए। शीघ्र ही परिणाम भी अच्छे आने लगे। उनके घर के स्वामित्व का जो मुकदमा चल रहा था, उसकी पैरवी उन्होंने स्वयं की और तर्कों तथा साक्ष्यों के आधार पर विपक्ष के वकील की दलीलों की धज्जियाँ उड़ा दीं। न्यायाधीश ने निर्णय नरेंद्र के पक्ष में सुनाया। यह नरेंद्र को सत्य की जीत का प्रथम व्यावहारिक और व्यक्तिगत अनुभव हुआ।

मकान की समस्या समाप्त हो गई लेकिन भोजन की समस्या यथावत बनी हुई थी, पुनः गुरुदेव का स्मरण हो आया। आशा बंधी कि गुरु की कृपा से इस दिशा में भी अवश्य ही कोई उपाय निकलेगा। नरेंद्र दक्षिणेश्वर पहुँचे और गुरु चरणों में सिर झुकाकर आशीर्वाद प्राप्त किया, फिर बातें होने लगीं तो नरेंद्र के

परिवार की आर्थिक समस्या की बात आई। नरेंद्र दु:खी स्वर में बोले- "अपनी बात हो तो देखा भी जाए। परिवार को भूखे देखकर स्वयं पर शर्म आती है कि मैं बड़ा होकर भी परिवार का भार नहीं उठा पा रहा हूँ।" इस पर गुरुदेव ने कहा कि जैसी माँ की इच्छा! तब नरेंद्र ने आशा से भरे स्वर में कहा- "मेरे परिवार को दो वक्त की रोटी चैन से मिल जाए, इसकी कोई व्यवस्था हो जाए तो मन को शांति मिले। आप अपनी माँ से ही इस विषय में कुछ अनुरोध कीजिए न।"

रामकृष्ण ने आश्चर्य से नरेंद्र की ओर देखा और फिर गंभीर होकर कहा- "मैंने माँ से कभी कुछ नहीं माँगा। मैं तेरे लिए अनुरोध करूँ भी तो कैसे, तू तो माता को मानता भी नहीं? एक अविश्वासी के लिए वे अनुरोध स्वीकार क्यों करने लगीं?" नरेंद्र मौन रहे क्योंकि वे निराकार का ही समर्थन करते थे। साकार में उनका विश्वास नहीं था। गुरु भी दुविधा में थे क्योंकि शिष्य ने पहली बार कुछ माँगा था, वह भी अपने लिए नहीं, बल्कि परिवार के लिए। सहायता तो करनी ही चाहिए।

अंततः रामकृष्ण ने एक मार्ग खोज निकाला और कहा- "नरेंद्र! एक काम कर! आज मंगलवार है। आज तू माँ काली की शरण में जा और विनयपूर्वक जो चाहे माँग ले। मेरा विश्वास है कि आज माता तेरी हर इच्छा पूरी करेंगी।" नरेंद्र को संतुष्टि नहीं मिली क्योंकि प्रस्तर-प्रतिमा में उनका विश्वास नहीं था, किंतु आज गुरु की परीक्षा का ऐसा अवसर मिला था कि भविष्य में गुरु के द्वारा 'माता-माता' का प्रलाप तो सुनने को नहीं मिलेगा। कुछ सोचकर उस रात्रि के दूसरे प्रहर में नरेंद्र काली माता के मंदिर की ओर बढ़ गए। मंदिर के अंदर जाकर उन्होंने मूर्ति की ओर देखा तो उसकी आँखों से अलौकिक रश्मियाँ-सी निकलकर उनके नेत्रों से टकराईं। वे भूल गए कि गुरु श्रीरामकृष्ण परमहंस के आग्रह पर वे वहाँ परिवार के लिए धन-संपदा माँगने आए हैं।

एकाएक नरेंद्र के मुख से कुछ और ही निकला- "हे माँ! मुझे शक्ति दो! ज्ञान दो! वैराग्य दो! विवेक दो!" माता से अरदास लगाने के बाद नरेंद्र बाहर गुरुदेव

के पास आए। परमहंस ने मुस्कराकर पूछा कि क्या माँगा, तो नरेंद्र ने सब सच बता दिया। परमहंस ने माथे पर हाथ मारकर कहा- "अरे! इन चीजों को परिवार खाएगा क्या? द्रव्य माँग, सोना, चाँदी, हीरे, जवाहरात माँग। फिर से जा-गलती सुधार।" नरेंद्र तीन बार गए, लेकिन एक बार भी उनके मुख से धन संबंधी माँग नहीं निकली। हर बार विवेक, वैराग्य, ज्ञान और भक्ति की ही माँग की। नरेंद्र स्वयं चकित थे कि माँ के सामने उन्हें क्या हो जाता है। तब रामकृष्ण गंभीर भाव से बोले- "तेरे भाग्य में सांसारिक सुख ही नहीं है नरेंद्र! तेरे हृदय में इनके लिए स्थान नहीं है। जा, माँ की कृपा से तेरे परिवार को भोजन और वस्त्र की कभी कमी नहीं होगी।"

माँ काली की असीम कृपा और गुरु के आशीर्वाद से नरेंद्रनाथ को अटॉर्नी ऑफिस में नौकरी मिल गई। इसके साथ ही कुछ पुस्तकों का अनुवाद कार्य भी उन्हें मिल गया। इससे भूख की समस्या का काफी हद तक समाधान हो गया। अब माँ काली के प्रति नरेंद्र की श्रद्धा भी बढ़ गई।

मई 1884 ई. में नरेंद्र को ईश्वरचंद्र विद्यासागर के मेट्रोपोलेटिन स्कूल में प्रधानाध्यापक के पद पर नियुक्त किया गया। अब नरेंद्र नौकरी करते और वेतन घर पहुँचाकर दक्षिणेश्वर आश्रम में ही रहते। जरूरत पड़ने पर वे घर आ जाते थे। आश्रम में गुरुदेव उन्हें ज्ञान-विज्ञान के विविध रहस्यों से परिचित कराते थे। सहज भाषा और सरल उदाहरणों से जनकल्याण के लिए धर्म के उपयोग की विधियाँ बताते थे। गुरुदेव का एक महामंत्र नरेंद्रनाथ ने स्वयं में समाहित कर लिया था। भावावस्था में एक बार परमहंस ने कहा था- **'जीव पर दया नहीं, बल्कि शिवज्ञान से जीव की सेवा करो।'**

नरेंद्र गुरु की सेवा के साथ-साथ अपने आध्यात्मिक विकास में लगे रहे। वे कठोर इंद्रिय-निग्रह के द्वारा सत्य को प्राप्त करने के प्रयास में लगे रहे। रामकृष्ण अपने शिष्य के इन कठोर प्रयासों से बड़े प्रसन्न हुए और एक दिन उन्होंने नरेंद्र

को अपने पास बुलाया- “नरेन! जब मैंने साधना की थी तो मुझे माता की कृपा से अष्ट सिद्धियाँ प्राप्त हुई थीं। मैं आज तक उनका कोई उपयोग नहीं कर सका। मैं चाहता हूँ कि तू इन सिद्धियों को ले ले। भविष्य में ये तेरे बहुत काम आएँगी।”

नरेंद्र ने गुरुदेव से प्रश्न किया- “गुरुदेव, क्या इन सिद्धियों से मुझे ईश्वर-प्राप्ति में कोई सहायता मिलेगी?” तब गुरुदेव एकटक देखते हुए बोले- “नहीं, ऐसा तो नहीं होगा, परंतु इनसे तुम्हारी इस लोक में सभी इच्छाएँ पूर्ण हो जाएँगी।” यह सुनकर नरेंद्र ने सहज भाव से कहा- “नहीं महाराज, मैं ऐसी सिद्धियों का क्या करूँगा?” रामकृष्ण मन-ही-मन बड़े प्रसन्न हुए। उस अद्भुत शिष्य से उन्हें यही उम्मीद थी।

उधर रामकृष्ण परमहंस का रोग निरंतर बढ़ता जा रहा था, परंतु शिष्यों को उपदेश देना जारी रखा। एक दिन नरेंद्रनाथ ने गुरु के समक्ष अपनी चिर-संचित इच्छा प्रकट कर दी- “महाराज, मेरी इच्छा है कि मैं लंबी अवधि की समाधि में अभ्यस्त हो जाऊँ और यदा-कदा भोजन के लिए ही उठूँ।” गुरुदेव ने सहज भाव से कहा- “यह साधारण अवस्था है। तुझे इससे भी ऊँची अवस्था प्राप्त करनी है। तू अपने परिवार की उचित व्यवस्था करके आ, तब देखते हैं।” नरेंद्र ने सिर झुकाकर धीरे से फिर अपना मंतव्य प्रकट किया- “फिलहाल तीन-चार दिन की समाधि ही पर्याप्त होगी।” रामकृष्ण ने अब दृढ़ होकर कहा- “मूर्ख मत बन। तू केवल अपनी मुक्ति का साधन चाहता है, जबकि तुझे तो करोड़ों का मुक्तिदाता बनना है। छोटे तालाब के समान व्यवहार न कर, क्योंकि तू तो महानद है। अपने लक्ष्य को संकुचित मत कर।”

अब नरेंद्र को अपनी भूल पर पछतावा हुआ और वे गुरु के मार्गदर्शन में अध्यात्म के उस उच्च स्तर को प्राप्त करने की कोशिश करने लगे, जिसका आदेश गुरु ने दिया था। इसके लिए वे दक्षिणेश्वर जाकर रात-रात भर साधना में लगे रहते। वहाँ उन्हें कुंडलिनी जागरण के साथ कुछ अन्य आध्यात्मिक अनुभूतियों की प्राप्ति हुई।

गुरुदेव ने प्रसन्न होकर कहा- “शिष्यो! इस संसार में मेरा आना सार्थक हुआ। मैं उस लक्ष्य को प्राप्त कर चुका, जिस हेतु मुझे मानव काया मिली थी। अब शेष कार्य तुम संपन्न करो, ऐसी मेरी इच्छा और विश्वास है। इसके लिए तुम्हें नेतृत्व और मार्गदर्शन की आवश्यकता होगी। यह दायित्व मैं नरेन को सौंपता हूँ।” रामकृष्ण परमहंस ने उन सबको एकजुट करने के उद्देश्य से ‘रामकृष्ण संघ’ की नींव रख दी। यह संघ गुरु के आदेशानुसार जनकल्याण का मार्ग प्रशस्त करने लगा। काशीपुर का उद्यान एक छोटी विद्यापीठ के रूप में विकसित होने लगा। 15 अगस्त, 1886 ई. को गुरुदेव रामकृष्ण परमहंस महासमाधि में लीन हो गए।

स्वामी विवेकानन्द बन चुके नरेंद्रनाथ के कुशल नेतृत्व में उनका संन्यासी दल धीरे-धीरे अपने लक्ष्य की ओर बढ़ रहा था। जनवरी 1891 ई. में स्वामी जी ने अकेले ही दिल्ली की ओर प्रस्थान किया। दिल्ली की वास्तुकला और खंडहर बन चुके किले तथा मकबरों ने उन्हें भौतिक भंगुरता का बोध कराया। संसार में चिरकाल तक नहीं रहना, इसलिए समय का सदुपयोग कर लिया जाए। वे अब ठहरने के इच्छुक नहीं थे। उन्होंने वेदांत की ध्वनि से लोगों को जाग्रत करते हुए आगे बढ़ते रहने का दृढ़ निश्चय किया। अब वे दिल्ली से उस वीर भूमि की ओर चल पड़े, जहाँ का इतिहास शौर्य और जौहर के अप्रतिम लेखों से भरा पड़ा था। आर्यों के इतिहास में यदि गर्व करने योग्य कुछ शेष रहा था तो वह राजपूताना ही था।

स्वामी जी अलवर पहुँचे तो वहाँ एक सज्जन डॉक्टर गुरुचरण लास्कर ने बड़े श्रद्धा-भाव से उनकी रहने खाने की अच्छी व्यवस्था कर दी।

यहाँ से स्वामी जी अजमेर पहुँचे और वहाँ कुछ दिन रहकर माउंट आबू आ गए। यहाँ उन्होंने एक गुफा में निवास किया, जो उनके तप, ध्यान के लिए उपयुक्त स्थान था। उनके वहाँ रहने का समाचार जब माउंट आबू के एक प्रसिद्ध

मुस्लिम वकील को मिला तो वह उनके पास पहुँचा और उनसे अपना आतिथ्य स्वीकार करने का अनुरोध किया। स्वामी जी ने उनका आतिथ्य स्वीकार किया और उसके साथ रहने आ गए। वकील साहब ने काफी अच्छी व्यवस्था की थी।

तदुपरांत स्वामी जी ने राजपूताने की पवित्र मिट्टी को मस्तक से लगाया और वहाँ से गुजरात की ओर बढ़ चले। अहमदाबाद और वर्द्धवान घूमते हुए वे लिंबड़ी पहुँचे जो कपास का बहुत बड़ा केंद्र था। कुछ दिन लिंबड़ी के राजभवन में धर्मोपदेश देने के बाद स्वामी जी पोरबंदर पहुँचे। वहाँ के दीवान शंकर पांडुरंग उनके अतिथेय बने, जो वेदशास्त्री थे। वहाँ स्वामी जी ने संस्कृत अनुवाद में उनकी सहायता की और एक बहुभाषिए के द्वारा फ्रेंच भाषा भी सीख ली। यहीं स्वामी जी के उद्देश्य को नए पंख लगे, जब शंकर पांडुरंग ने उनके लक्ष्य को समझा- "स्वामी जी! नक्कारखाने में तूती की आवाज कौन सुनता है? यहाँ तो ज्ञान का सम्मान करने वाले उँगलियों पर गिने जा सकते हैं। आप यहाँ अधिक काम नहीं कर पाएँगे। आप पश्चिमी देशों में जाकर भारतीय दर्शन और ज्ञान का प्रचार करें तो अधिक प्रभावी होगा। आप जिन रूढ़ियों को ध्वस्त कर रहे हैं, वे पश्चिम में स्वीकार्य होंगी। भारत के प्राचीन गौरव को पुनः जाग्रत करना है तो उसका शुभारंभ पश्चिमी देशों से हो।"

स्वामी जी को इस राय ने गंभीर कर दिया। उन्हें अपने गुरु श्रीरामकृष्ण देव की एक बात याद आई- "नरेन! मैंने तुझे विश्व भर में आध्यात्मिक क्रांति करने की शक्ति दी है।" गुरुदेव का आशय और दीवान पांडुरंग का परामर्श समान तो थे। उनका इस बारे में चिंतन आरंभ हो गया। इसे संयोग कहें या दैवीय अनुग्रह कि गुजरात प्रवास में ही स्वामी जी को अमेरिका से शिकागो में आयोजित होने वाले पहले विश्व-धर्म सम्मेलन की जानकारी हुई। यह सितंबर 1893 ई. में होना था। अभी उसमें साल-डेढ़ साल का समय था और उसकी तैयारी की जा सकती थी।

तदुपरांत भ्रमण करते हुए स्वामी जी गोवा पहुँचे। वहाँ का प्रवास स्वामी जी को बहुत ही संतोषजनक लगा, क्योंकि यहाँ उन्होंने ईसाई धर्म के बारे में काफी सूक्ष्म जानकारी प्राप्त की। मडगाँव के विद्वान श्री एस. नाइक संस्कृत और हिंदू संस्कृति तथा धर्म के प्रकांड ज्ञाता थे। स्वामी जी को पता चला था कि मूल लैटिन भाषा में ईसाई धर्म की पुस्तकें तथा पांडुलिपियाँ भारत में अन्यत्र उपलब्ध नहीं हैं, लेकिन श्री नाइक के माध्यम से उनका अध्ययन किया जा सकता है।

स्वामी जी अपने यात्रा-पथ को संक्षिप्त करते हुए एर्नाकुलम पहुँचे। वहाँ वे कुछ साधक विद्वानों की संगत करके त्रिवेंद्रम आ गए और प्रोफेसर सुंदरम अय्यर के पास ठहरे। वहाँ उन्हें त्रावणकोर के राजमहल जाने का सुअवसर मिला।

स्वामी जी इस प्रश्न का उत्तर ढूँढ़ने निकले थे कि कैसे आहत भारत का पुनः उद्धार होगा! कैसे उसका गौरव फिर से प्राप्त होगा! उत्तर भी मिल गया था कि केवल सत्य, सदाचार की धर्म-नीति की स्थापना ही इस दारुण दशा को परिवर्तित कर सकती थी। विशुद्ध सत्य-सनातन धर्म की पुनर्स्थापना करनी होगी। यही तो गीता में भगवान श्रीकृष्ण ने कहा था- 'यदा यदा हि धर्मस्य....।' आज देश को उसी की जरूरत है। सारा शोषित, पीड़ित और दलित वर्ग इस बात को स्वीकार भी करता है, लेकिन उसे तो 'अवतार' की इच्छा है। वे तो ईश्वर के अवतरित होने की प्रार्थना कर रहे हैं। **ईश्वर अवतरित नहीं होता अपितु वह तो हर क्षण विद्यमान रहता है, प्रत्येक मनुष्य में अपनी संपूर्ण शक्तियों के साथ!** कोई या सब अपनी उस शक्ति को पहचानें तो सही! गुरुदेव रामकृष्ण परमहंस ने कहा था कि ईश्वर ही मानव बनता है, क्योंकि फिर मानव ही ईश्वर बनता है। धर्म की रक्षा जीवन का कर्तव्य है और जीवन की सरसता धर्म का स्वभाव! **जो मानव में ईश्वर का दर्शन करता है, वही सत्य-धर्म का सच्चा पुजारी होता है।** सत्य-धर्म की स्थापना के लिए पुनर्जागरण का महाघोष करना ही होगा।

कन्याकुमारी के समुद्र तट पर खड़े स्वामी जी अथाह जलराशि में उन्नत रूप से उभरे हुए दो शिलाखंडों को अपलक निहारते हुए राष्ट्रचिंतन कर रहे थे। इन दोनों शिलाखंडों में जो दूर स्थित था, उसके संदर्भ में पुराणों में लिखा था कि उस पर खड़े होकर देवकन्या ने महादेव को पति रूप में पाने हेतु भीषण तप किया था। स्वामी जी उसी शाक्त स्थल पर जाकर जगत्माता की कृपा प्राप्त करने के अभिलाषी थे। समुद्र अपने भीषण गर्जन के साथ रौद्र रूप में जलभीत बनाकर जैसे उन्हें चेतावनी दे रहा था, किंतु स्वामी जी के मस्तिष्क में तो विचारों की उथल-पुथल चल रही थी।

समुद्र तट पर खड़े स्वामी जी के कानों में गुरुदेव के शब्द गूँज रहे थे- "नरेन! अब तुम्हें कभी भी निर्विकल्प समाधि की अनुभूति नहीं करने दूँगा। तुम्हें सिद्ध पुरुष नहीं बनना है, क्योंकि वह केवल स्वार्थ है। तुम्हें महान कार्य करना है। तुम्हें परमार्थ के मार्ग पर चलकर राष्ट्र में ज्ञान का प्रकाश आलोकित करना है। मैं तुम्हें मुक्त होने की राह पर नहीं, बल्कि सबको मुक्त कराने के पावन पथ पर विजयी होते देखना चाहता हूँ। **तुम्हारा जीवन तुम्हारा नहीं, वरन् सामाजिक धरोहर है।"**

गुरुदेव के इन शब्दों ने स्वामी जी को सदा ही प्रेरित और ऊर्जावान किया था और आज तो जैसे उनके निश्चय में प्रस्तर भरता जा रहा था। समुद्र की उत्ताल तरंगें जो पहले बाधा के रूप में दिख रही थीं, अब आमंत्रण देती प्रतीत हो रही थीं। स्वामी जी स्वयं की परीक्षा करने का निश्चय कर चुके थे और उन्होंने समुद्र में छलाँग लगा दी। स्वामी जी तैरकर उस शाक्त शिलाखंड पर पहुँच गए थे। उसे नमन करने के बाद एक बार चारों ओर फैले नीले जल-विस्तार को देखा, फिर वे पालथी मारकर ध्यान मुद्रा में बैठ गए। उन्हें ऐसा लग रहा था, जैसे शक्ति ने उन्हें स्वीकार कर लिया था। वैचारिक साक्षात्कार का यह भव्य अवसर था-

"मैंने संन्यास-धर्म के पथ पर आकर स्वयं को ईश्वर के प्रति समर्पित कर दिया है। अब मुझे उसी के अनुसार आगे बढ़ना है। सबसे पहले भारतवासियों और संसार-भर के मानवों की सेवा करनी है। मानव सेवा को संसार का सर्वव्यापी धर्म बनाना है और भारतवर्ष के पुनर्जागरण के लिए आखिरी साँस तक जूझते रहना है। राष्ट्र-रक्षा के लिए एक चरित्रसंपन्न, दृढ़ निश्चयी और भय से मुक्त सेना का निर्माण करना है। इसके लिए स्वार्थी, लालची और पाखंडियों को समाज से उखाड़ फेंककर पीड़ितों और शोषितों का सेवा करने वालों का विशाल दल बनाना होगा। मानव सेवा में समर्पित पीढ़ी का निर्माण करना होगा।"

स्वामी जी की वैचारिक अवस्था में 'क्या करना है' तो स्पष्ट हो गया था। लेकिन अब 'कैसे करना है' इस विषय पर वे विचारशील थे- "यह एक महान कर्म है। इसके लिए केवल प्रवचन, भाषण और व्याख्यान ही पर्याप्त नहीं होंगे। धन की भी जरूरत होगी। कैसे? क्या भारतीय धनिकों में इतनी भी उदारता शेष नहीं रही? हाँ, नहीं रही, अन्यथा देश में ऐसा दारिद्र्य न होता। विलासी और भोगी भारतीय धनिक तो स्वयं अकिंचन भिक्षु हैं और भूल से किए गए दान का भी गुणित प्रतिफल माँगते हैं। उनसे क्या आशा करनी!

अमेरिका! समृद्ध, विज्ञानयुक्त और उदारता का पोषक। शोषण और पीड़ा के दौर से गुजरकर अमेरिका ने स्वयं को सिद्ध कर दिया था। जाति-वर्ग, संप्रदाय जैसे जहरीले कंटकों से मुक्त अमेरिका! अमेरिका से आर्थिक भिक्षा नहीं माँगनी। माँगना तो हमारा स्वभाव ही नहीं है। हम तो दाता हैं। विनिमय की पद्धति से परस्पर सहायता-भाव के संबंध स्थापित करने होंगे। पहले अमेरिका को प्राचीन भारतीय संस्कृति का ज्ञान देना होगा, फिर वहाँ से विज्ञान और तकनीक भारत में लानी होगी। यही तो उन्नति के अंतर्राष्ट्रीय विनिमय का नियम है। यही करना होगा।"

यही स्वामी जी का अंतिम निर्णय था। 24 से 26 दिसंबर, जिसमें प्रभु यीशु का जन्मदिन भी था, इन तीन दिन के अखंड चिंतन का अंतिम निश्चय!

शाक्त शिलाखंड पर वैचारिक साक्षात्कार से ऊर्जावान होकर स्वामी जी तैरते हुए वापस किनारे पर आ गए। अब कन्याकुमारी से वे रामेश्वरम की ओर चल पड़े। मदुरै और रामनद में पड़ाव करके उन्होंने रामेश्वरम में अपनी परिव्राजक यात्रा की समाप्ति की। यद्यपि यह भी पड़ाव ही था, क्योंकि यथार्थ यात्रा तो अब करनी थी।

शारदा माँ की आज्ञा मिलते ही स्वामी जी प्रसन्नता से भर उठे और यह शुभ समाचार उन्होंने अपने शिष्यों को दिया तो वे भी बहुत प्रसन्न हुए। अब वह समय आ गया था, जब विश्व-मंच पर भारतीय दर्शन का शंख फूँकने के लिए वह तेजस्वी संन्यासी प्रस्थान करने वाला था। शिष्यमंडली ने इस बार चार हजार रुपये चंदा इकट्ठा किया था। स्वामी जी अमेरिका पूरी तैयारी के साथ जाना चाहते थे।

उन्हीं दिनों खेतड़ी के दीवान जगमोहन लाल मद्रास आए और स्वामी जी को महाराज का संदेश दिया। राजा को पुत्र-रत्न की प्राप्ति हुई थी और उसे आशीर्वाद देने के लिए उन्होंने स्वामी जी को सादर निमंत्रित किया था। स्वामी जी ने निमंत्रण स्वीकार किया और दीवान साहब के साथ चले आए। खेतड़ी में महाराज अजीत सिंह ने उनका भव्य स्वागत किया। नवजात राजकुमार को आशीर्वाद देकर स्वामी जी ने वहाँ कुछ समय व्यतीत किया। यहीं पर राजा अजीत सिंह ने उन्हें एक नया नाम दिया- **स्वामी विवेकानन्द**।

खेतड़ी के महाराज ने अपने दीवान जगमोहन लाल को काफी धन देकर स्वामी जी के साथ बंबई भेज दिया। महाराज खुद उनके साथ जयपुर तक आए थे। दीवान साहब ने काफी प्रार्थना करके स्वामी जी को रेशमी वस्त्र दिए। जहाज का टिकट भी खरीदकर दिया जो जापान जाने वाला था और वहाँ से अमेरिका के लिए दूसरा जहाज लेना था। उसके टिकट की व्यवस्था भी दीवानजी ने एक ट्रेवल कंपनी के माध्यम से कर दी थी।

शिकागो विश्व-धर्म सम्मेलन में शामिल होने के लिए प्रस्थान करते समय स्वामी जी का व्यक्तित्व बड़ा ही आकर्षक लग रहा था। रेशमी वस्त्रों और साफे से वे किसी रियासत के राजकुमार प्रतीत हो रहे थे। समुद्र तट पर अनेक लोग उस भव्य संन्यासी को अपलक देख रहे थे। दिव्य तेज और कांति से युक्त मुखमंडल को देखकर जहाज के यात्री भी स्वयं को धन्य मान रहे थे कि वह तेजस्वी संन्यासी उनका सहयात्री होगा।

31 मई, 1893 ई. को बंबई बंदरगाह से भारतीय वेदांत की ध्वजा लेकर स्वामी विवेकानन्द करोड़ों भारतीयों की उम्मीदों के साथ पेनिन्सुलर स्टीमर में चढ़े तो उनके शुभचिंतकों और शिष्यों ने हर्षध्वनि के साथ उन्हें विदाई दी। ठीक समय पर जहाज ने बंदरगाह छोड़ दिया और वह तट से दूर होता गया। स्वामी जी तट की ओर हाथ हिलाते रहे, जब तक कि सब कुछ उनकी आँखों से ओझल न हो गया।

शिकागो पहुँचकर स्वामी जी ने सर्वप्रथम 'विश्व-धर्म सम्मेलन' के विषय में जानकारी ली तो पता चला कि वह ग्यारह सितंबर को होने वाला था। उसमें अभी लगभग दो महीने का समय था। अब आ ही गए थे तो दो महीने घूम-फिरकर अमेरिका और अमेरिकन लोगों के बारे में जानकारी प्राप्त करने का यह सुनहरा मौका था, लेकिन स्वामी जी बाजार के विषय में निपुण नहीं थे। जल्द ही उन्हें पता चल गया कि उनके पास जो पैसा है, वह तेजी से खर्च होता जा रहा है। मितव्ययी तो थे, लेकिन उन लोगों का क्या करते, जो एक संन्यासी को भी ठगने से चूकते न थे। वहाँ किसी ने उन्हें बताया कि शिकागो महँगा शहर है, जबकि बोस्टन में रहना सस्ता और सरल है। अतः भली प्रकार विचारकर वे वहाँ से 15 अगस्त को बोस्टन जाने वाली गाड़ी में सवार हो गए। इसी गाड़ी में उनका परिचय मिस कैथरीन सेनबोर्न से हुआ, जो एक वृद्ध महिला थीं। स्वामी जी से बात करके बहुत प्रभावित हुईं और उन्हें अनुरोध कर अपने घर ले गईं।

स्वामी जी के सामने एक विकराल समस्या खड़ी हो गई थी जिसने उन्हें अत्यधिक चिंतित कर दिया था। यह समस्या थी कि विश्व-धर्म सम्मेलन में वक्ता के रूप में एक वर्ष पहले से ही सभी देशों और धर्मों के प्रतिनिधियों की प्रवेशिका बनाई जा चुकी थी जिसकी सूची भी तैयार हो गई थी। उस सूची में विवेकानन्द या विदिशानंद के नाम से किसी भारतीय प्रतिनिधि का उल्लेख नहीं था।

समस्या सुनकर मिस्टर राइट बोले- "स्वामी जी, आप निश्चिंत रहें, आप सम्मेलन में अवश्य भाग लेंगे।" मिस्टर राइट का यह संवाद सुनकर स्वामी जी को प्रसन्नता की अनुभूति हुई। मिस्टर राइट ने तत्काल अपने एक मित्र मिस्टर बैरोन, जो सम्मेलन के मुख्य स्तंभ थे, के नाम एक पत्र लिख दिया और अलग कागज पर उनका पता लिखकर स्वामी जी को दे दिया। मिस्टर राइट ने ही स्वामी जी को शिकागो तक का टिकट खरीदकर दिया और काफी आग्रह करके कुछ पैसे भी दिए।

स्वामी जी प्रसन्न मन से मेसाच्यूसैट्स से चले और अन्य अमेरिकी नगरों का भ्रमण करते हुए 9 सितंबर, 1893 ई. को शिकागो पहुँच गए। सम्मेलन में अभी दो दिन का समय था। स्वामी जी जल्दी ही मिस्टर बैरोन से मिलकर सुनिश्चित कर लेना चाहते थे कि वे धर्म-सम्मेलन में भाग ले रहे हैं। उन्होंने मिस्टर बैरोन के पते वाला कागज निकालने के लिए जैसे ही जेब में हाथ डाला तो सन्न रह गए। कागज भी कहीं गुम हो गया था। दुर्भाग्य पीछा नहीं छोड़ रहा था।

उसी रास्ते पर एक छोटा-सा बंगला था जिसके टैरेस पर खड़ी एक अमेरिकन महिला बहुत देर से स्वामी जी की गतिविधियों को देख रही थीं। सुबह से दोपहर होने पर वे शायद थोड़ा-बहुत समझ गई थीं कि वह कोई मसखरा या विक्षिप्त नहीं था। अतः वे अपने बंगले से बाहर आईं और स्वामी जी के समीप आकर

रुक गई। उस मुखमंडल के तेज ने उन्हें प्रभावित किया और उन्होंने स्वामी जी से आदर सहित परिचय प्राप्त किया और उनकी समस्या जानी, तब जाकर स्वामी जी को ज्ञात हुआ कि उस इलाके में मिस्टर बैरोन का नाम उन्होंने भी नहीं सुना था तो अन्य कोई क्या बता पाता!

उन सहृदय महिला का नाम श्रीमती जॉर्ज डब्ल्यू. हेल था, जो अपने पति और बच्चों के साथ सामने वाले बंगले में रहती थीं। वे स्वामी जी को सम्मान सहित अपने घर ले गईं। वहीं उन्हें स्नान कराकर भोजन कराया, तब तक मिस्टर हेल भी आ गए थे। वे भी स्वामी जी से मिलकर बहुत प्रसन्न हुए। जब स्वामी जी ने अपनी समस्या बताई तो मिस्टर हेल गंभीर हो गए, फिर वे मुस्कराए- "आप निश्चित ही कल धर्मसभा में बोलने वाले हैं। कृपया मेरे साथ आएँ।"

हेल दंपति उन्हें अपनी गाड़ी में लेकर चल पड़े। निराशा के बादलों के मध्य आशा की एक किरण पुनः झलकी। कहा भी गया है- जहाँ चाह वहाँ राह। विश्व-धर्म सम्मेलन के अध्यक्ष डॉक्टर जे.एच.बैरोन हेल दंपती के परिचित और मित्र थे। जब वे मिस्टर बैरोन से मिले और उनसे बातचीत की तो मिस्टर बैरोन ने टेलीफोन पर मिस्टर राइट से बात की और संतुष्ट हो गए। उन्होंने विवेकानन्द को भारत के हिंदू धर्म के प्रतिनिधि के रूप में स्वीकृति दे दी, साथ ही प्रतिनिधि निवास में पूर्वी धर्मगुरुओं के विभाग में उनके ठहरने की समुचित व्यवस्था कर दी।

11 सितंबर, 1893 ई. का स्वर्णिम दिन आ गया और शिकागो में स्वामी विवेकानन्द के व्याख्यान के मात्र पाँच शब्दों- "सिस्टर्स एंड ब्रदर्स ऑफ अमेरिका" ने इतिहास रच डाला। अमेरिका में लगभग दो वर्ष रहकर स्वामी जी इंग्लैंड चले गए और अपनी वाणी से वहाँ के लोगों को चकित कर दिया। नवंबर, 1895 में स्वामी जी पुनः अमेरिका आ गए। दिसंबर, 1898 ई. को वे भारत लौट आए।

2 जनवरी, 1899 ई. को मठ में रहना शुरू कर दिया गया। 14 जनवरी को मकर संक्रांति के अवसर पर स्वामी जी द्वारा 'उद्बोधन' नामक बंगाली पत्रिका का प्रकाशन शुरू कर दिया गया। इसके अलावा उन्होंने हिमालय के अंचल में समुद्र तल से साढ़े छह हजार फीट की ऊँचाई पर स्थित मायावती नामक स्थान पर एक अद्वैत आश्रम के निर्माण का कार्य भी आरंभ कराया, जो कैप्टन सेवियर ने अपने हाथ में लिया।

20 जून, 1899 ई. को स्वामी जी निवेदिता और स्वामी तुरियानंद को साथ लेकर पुनः विदेश यात्रा पर निकल पड़े। बयालीस दिन की यात्रा के बाद स्वामी जी लंदन के टिबलरी बंदरगाह पर पहुँचे तो उन्हें यह देखकर बड़ा धक्का लगा कि उनके बहुत-से प्रिय शिष्य उनके स्वागत में नहीं पहुँचे थे। कारण जानकर तो उन्हें और भी गहरा सदमा लगा। उनके कई प्रिय शिष्य उनसे विमुख हो गए थे। सबके अपने अलग-अलग कारण थे।

स्वामी जी इन सब झंझटों से दूर होकर 24 अक्टूबर, 1900 ई. को अपने मित्रों और शिष्यों के साथ यूरोप यात्रा पर निकल पड़े। इस यात्रा में स्वामी जी को पश्चिम का एक नया ही रूप देखने को मिला। पहली यात्रा में जहाँ समृद्धि, लोकतंत्र और न्यायप्रियता दिखी थी, वह अब भंग होती दिखाई दी। धन-बल में उभार हो रहा था और इससे वैयक्तिक शासन की प्रवृत्ति बढ़ रही थी। चारों ओर एक नए विस्तारवाद की प्रतिस्पर्द्धा थी। पूरा यूरोप शक्तिवर्द्धन के मामले में सैन्य छावनी में परिवर्तित हो रहा था। ये शुभ संकेत नहीं थे। स्पष्ट रूप से यह भविष्य के रक्तयुद्धों की तैयारी थी। इन सबसे स्वामी जी का हृदय व्यथित हो गया। अब उन्हें महसूस हो रहा था कि उनके मानवता के संदेश को यूरोप और पश्चिम के देशों ने क्षणिक गंभीरता से लिया था। वे अभी भी अपनी प्रवृत्ति पर अटल थे।

पूर्वी यूरोप की यात्रा में ही स्वामी जी को एकाएक अनुभूति हुई कि भारत में उनका प्रिय शिष्य और सचिव गुडविन मरणासन्न स्थिति में पहुँच गया है। अतः

वे भारत लौटने के लिए आतुर हो उठें। 26 नवंबर, 1900 ई. को स्वामी जी ने इटेलियन जहाज से भारत की ओर प्रस्थान किया। भारत में मायावती स्थित अद्वैत आश्रम में अचानक पहुँचकर उन्होंने सबको चकित कर दिया।

कैप्टन सेवियर हिमालय की दुर्गम ऊँचाई में अद्वैत आश्रम स्थापित करने की स्वामी जी की इच्छा को पूर्ण करने की जिम्मेदारी लिए थे। स्वामी जी ने दु:खी मन से माता श्रीमती सेवियर से भेंट की। उनसे पता चला कि मूत्रव्याधि से ग्रस्त स्वामी जी के प्रिय शिष्य कैप्टन सेवियर ने देहत्याग किया था। स्वामी जी ने उस गुरुभक्त को प्रणाम किया। स्वामी जी दु:खी हृदय लिए मायावती से लौटें और रेल द्वारा काठगोदाम तक ही पहुँचे थे कि एक और आघात ने उनका हृदय टुकड़े-टुकड़े कर दिया। स्टेशन से समाचार-पत्र लिया तो मुखपृष्ठ पर ही सूचना थी 'खेतड़ी के महाराज अजीत सिंह का देहावसान।'

29 जून को भगिनी निवेदिता स्वामी जी को अत्यंत रुग्णावस्था में देखकर मठ में ही रहीं। स्वामी जी की दशा दोपहर तक तो फिर भी ठीक ही थी, लेकिन इसके बाद तबियत अधिक बिगड़ती चली गई। निवेदिता रोने लगी तो स्वामी जी ने सिर पर हाथ फेरकर उन्हें आशीर्वाद दिया। उसके बाद गंभीर और क्षीण स्वर में बोलें- "अब प्रस्थान का समय आ गया है।"

अगले दिन भी स्वामी जी की स्थिति में वही उतार-चढ़ाव दिखाई दिया। उनके पैरों में सूजन आ गई थी, फिर भी पहली जुलाई को वे प्रेमानंद के साथ बगीचे में थोड़ा-बहुत टहलते रहें। वहीं उन्होंने एक स्थान की ओर संकेत करके प्रेमानंद को अपनी इच्छा बताई- "मेरी मृत्यु के पश्चात् मेरा दाह-संस्कार इस स्थान पर कीजिएगा।"

अंततः 4 जुलाई, 1902 ई. को रात के नौ बजे स्वामी जी बिस्तर पर लेट गए। जयमाला अभी भी उनके हाथ में थी। सेवक सिरहाने खड़ा पंखा झल

रहा था। कुछ क्षण बाद उनके हाथ में कंपन हुआ, फिर उन्होंने लंबी साँस ली। दो मिनट बाद फिर वही क्रिया हुई और उनकी दृष्टि भ्रूमध्य में स्थित हो गई, उनका चेहरा दिव्यता से चमक रहा था। पहले मुख पर और फिर संपूर्ण शरीर पर महाशांति ने अपना साम्राज्य स्थापित कर लिया। संन्यास पथ के इतिहास के सर्वाधिक विद्वान मनीषी, ज्ञान-गर्जना के धनी, भारत-पुत्र महासंन्यासी विश्वगुरु विवेकानन्द ने नौ बजकर दस मिनट पर बैकुंठ की ओर प्रस्थान किया।

2
मन की शक्तियाँ

8 जनवरी, 1900 ई. को लॉस एंजिलिस, कैलिफोर्निया में स्वामी विवेकानन्द द्वारा दिया गया भाषण

सारे युगों से, संसार के समस्त लोगों का अलौकिकता में विश्वास चला आ रहा है। हम सभी ने विभिन्न अद्भुत चमत्कारों के बारे में सुना है और कुछ ने उनका स्वयं अनुभव भी किया है। इस विषय की शुरुआत आज मैं स्वयं देखी हुई घटनाओं को बताकर करूँगा। मैंने एक बार ऐसे व्यक्ति के बारे में सुना, जो किसी के मन के प्रश्न का उत्तर प्रश्न सुनने के पहले ही बता देता था। और मुझे यह भी बताया गया कि वह भविष्य की बातें भी बताता है। मुझे उत्सुकता हुई और अपने कुछ मित्रों के साथ मैं वहाँ पहुँचा। हममें से प्रत्येक ने पूछने का प्रश्न अपने मन में सोच रखा था। और गलती न हो, इस कारण हमने वे प्रश्न कागज पर लिखकर जेब में रख लिए थे। जैसे ही हममें से एक को उसने देखा, वैसे ही उसने

हमारे प्रश्न और उनके उत्तर देना आरंभ कर दिया! फिर उस व्यक्ति ने कागज पर कुछ लिखा, उसे मोड़ा और उसके पीछे मुझे हस्ताक्षर करने के लिए कहा और बोला- "इसे पढ़ो मत, जेब में रख लो, जब तक कि मैं इसे फिर न माँगूँ।" इस प्रकार उसने हर एक से कहा। बाद में उसने हम लोगों को हमारे भविष्य की कुछ बातें बताईं। फिर उसने कहा- "अब किसी भी भाषा का कोई शब्द या वाक्य तुम लोग अपने मन में सोच लो।" मैंने संस्कृत का एक लंबा वाक्य सोच लिया। वह व्यक्ति संस्कृत बिलकुल नहीं जानता था। उसने कहा- "अब अपने जेब का कागज निकालो।" कैसा आश्चर्य! वही संस्कृत का वाक्य उस कागज पर लिखा था! और नीचे यह भी लिखा था कि 'जो कुछ मैंने इस कागज पर लिखा है, वही यह मनुष्य सोचेगा।' और यह बात उसने एक घंटा पहले ही लिख दी थी! फिर हममें से दूसरे को, जिसके पास भी उसी प्रकार का एक दूसरा कागज था, कोई एक वाक्य सोचने को कहा गया। उसने अरबी भाषा का एक वाक्य सोचा। अरबी भाषा का जानना तो उसके लिए और भी असंभव था। वह वाक्यांश था कुरान शरीफ का। पर मेरा मित्र क्या देखता है कि वह भी कागज पर लिखा है।

हममें से तीसरा था डॉक्टर। उसने किसी जर्मन भाषा की डॉक्टरी पुस्तक का वाक्य अपने मन में सोचा। उसके कागज पर वह वाक्य भी लिखा था।

यह सोचकर कि कहीं पहले मैं भ्रम में न रहा हूँ, कई दिनों बाद मैं फिर दूसरे मित्रों को साथ लेकर वहाँ गया। परंतु इस बार भी उसने वैसी ही आश्चर्यजनक सफलता पाई।

एक बार जब मैं हैदराबाद में था, तो मैंने एक ब्राह्मण के बारे में सुना। यह मनुष्य न जाने कहाँ से विभिन्न वस्तुएँ उत्पन्न कर देता था। वह उस शहर का व्यापारी था और ऊँचे खानदान का था। मैंने उससे अपने चमत्कार दिखाने को कहा। इस समय ऐसा हुआ कि वह मनुष्य बीमार था। भारतवासियों में यह विश्वास है कि यदि कोई पवित्र मनुष्य किसी के सिर पर हाथ रख दे, तो

उसका बुखार उतर जाता है। यह ब्राह्मण मेरे पास आकर बोला, "महाराज, आप अपना हाथ मेरे सिर पर रख दें, जिससे मेरा बुखार भाग जाए।" मैंने कहा, "ठीक है, लेकिन तुम हमें अपना चमत्कार दिखाओ।" वह राजी हो गया। उसकी इच्छानुसार मैंने अपना हाथ उसके सिर पर रखा और बाद में वह अपना वचन पूरा करने को आगे बढ़ा। वह अपनी कमर में मात्र एक छोटा-सा चिथड़ा पहने था। उसके अन्य सब कपड़े हमने अपने पास रख लिए थे। अब मैंने उसे केवल एक कंबल ओढ़ने के लिए दिया, क्योंकि ठंड के दिन थे और उसे एक कोने में बिठा दिया। पचास आँखें उसकी ओर देख रही थीं। उसने कहा- "अब आप लोगों को जो कुछ चाहिए, वह कागज पर लिखिए।" हम सब लोगों ने उन फलों के नाम लिखे, जो उस प्रांत में पैदा तक न होते थे- अंगूर के गुच्छे, संतरे आदि। और हमने वे कागज उसके हाथ में दे दिए। कैसा आश्चर्य! उसके कंबल में से अंगूर के गुच्छे तथा संतरे आदि इतनी संख्या में निकले कि अगर वजन किया जाता, तो वे सब उस मनुष्य के वजन से दुगुने होते! उसने हमसे उन फलों को खाने के लिए कहा। हममें से कुछ लोगों ने यह सोचकर कि शायद यह सम्मोहन हो, खाने से आपत्ति की। परंतु जब उस ब्राह्मण ने स्वयं खाना शुरू कर दिया, तो हमने भी खाया। वे सब फल खाने योग्य ही थे।

अंततः उसने गुलाब के ढेर निकाले। हर एक फूल पूरा खिला था। पंखुड़ियों पर ओस-बिंदु थे। कोई भी फूल न तो टूटा था और न दबकर खराब ही हुआ था। और उसने ऐसे एक-दो नहीं, बल्कि ढेर के ढेर निकाले। जब मैंने पूछा कि यह कैसे किया, तो उसने कहा, "यह मात्र हाथ की सफाई है!"

यह चाहे जो कुछ था, लेकिन केवल 'हाथ की सफाई' होना तो असंभव था। इस बड़ी संख्या में वह ये चीजें कहाँ से पा सकता था?

हाँ, तो मैंने इसी प्रकार की अनेक बातें देखीं। भारतवर्ष में घूमते समय अलग-अलग स्थानों में तुम्हें ऐसी सैकड़ों बातें दिखेंगी। ये चमत्कार सभी देशों

में होते हैं। इस देश में भी इस प्रकार के आश्चर्यजनक काम देखोगे। हाँ, यह सच है कि इनमें अधिकांश चालबाजी होती है। किंतु जहाँ तुम चालबाजी देखते हो, वहाँ तुम्हें यह भी मानना पड़ता है कि यह किसी की नकल है। कहीं न कहीं कोई सत्य होना चाहिए, जिसकी यह नकल की जा रही है। असत्य की कोई नकल नहीं कर सकता। किसी सत्य वस्तु की ही नकल की जा सकती है।

प्राचीन समय में हजारों वर्ष पहले ऐसी बातें आज की तुलना में और भी अधिक परिमाण में होती थीं। मुझे ऐसा प्रतीत होता है कि जब किसी देश की जनसंख्या घनी होने लगती है, तो मानसिक बल का ह्रास होने लगता है। जो देश विस्तृत है और जहाँ लोग बिरले बसे होते हैं, वहाँ संभवतः मानसिक बल अधिक होता है। विश्लेषणप्रिय होने के कारण हिंदुओं ने इन विषयों को लेकर उनके संदर्भ में अन्वेषण किया और वे कुछ मौलिक सिद्धांतों पर जा पहुँचे, अर्थात् उन्होंने इन बातों का एक शास्त्र ही बना डाला। उन्होंने यह अनुभव किया कि ये बातें यद्यपि असाधारण हैं, फिर भी हैं प्राकृतिक ही, अलौकिक नहीं हैं। अलौकिक नाम की कोई वस्तु ही नहीं है। ये बातें भी ठीक उसी प्रकार नियमबद्ध हैं, जिस प्रकार भौतिक जगत की अन्यान्य बातें। यह निसर्ग की कोई सनक नहीं कि एक मनुष्य इन सामर्थों को साथ लेकर जन्म लेता हो। इन शक्तियों के विषय में नियमित रूप से अध्ययन किया जा सकता है, इनका अभ्यास किया जा सकता है और शक्तियाँ स्वयं में उत्पन्न की जा सकती हैं। इस शास्त्र को वे लोग 'राजयोग' कहते हैं। भारतवर्ष में ऐसे हजारों व्यक्ति हैं, जो इस शास्त्र का अध्ययन करते हैं और यह समग्र राष्ट्र के लिए दैनिक उपासना का एक अंग बन गया है।

वे लोग जिस सिद्धांत पर पहुँचे हैं, वह यह है कि यह समस्त अद्भुत सामर्थ्य मनुष्य के मन में अवस्थित है। मनुष्य का मन समष्टि-मन का अंश मात्र है। प्रत्येक मन दूसरे प्रत्येक मन से संलग्न है। और प्रत्येक मन, वह चाहे जहाँ रहे, पूरे विश्व के साथ संबद्ध है।

क्या तुम लोगों ने उस मानसिक व्यापार को देखा है, जिसे विचार-संक्रमण **(thought-transference)** कहते हैं। यहाँ एक व्यक्ति कुछ विचार करता है और वह विचार अन्यत्र किसी दूसरे व्यक्ति में प्रकट हो जाता है। एक व्यक्ति अपने विचार दूसरे व्यक्ति के पास भेजना चाहता है, इस दूसरे व्यक्ति को यह ज्ञात हो जाता है कि इस तरह का संदेश उसके पास आ रहा है। वह उस संदेश को ठीक उसी रूप में ग्रहण करता है जिस रूप में वह भेजा गया था। साधनाओं से यह बात सिद्ध होती है। यह आकस्मिक घटना मात्र नहीं है। दूरी के कारण कुछ फर्क नहीं पड़ता। यह संदेश उस दूसरे व्यक्ति तक पहुँच जाता है और वह दूसरा व्यक्ति उसे समझ लेता है। यदि तुम्हारा मन एक पृथक् वस्तु होता, जो वहाँ विद्यमान है और मेरा मन एक पृथक् वस्तु होता, जो यहाँ विद्यमान है, और इन दोनों मनों में अगर कोई संबंध न होता, तो मेरे विचार तुम्हारे पास कैसे पहुँच पाते? सामान्य व्यवहार में, मेरा विचार सीधा तुम्हारे पास नहीं पहुँचता; पर प्रथम, मेरे विचार को आकाश-तत्व के स्पंदनों में परिणत होना पड़ता है। ये स्पंदन फिर तुम्हारे मस्तिष्क में पहुँचते हैं। वहाँ फिर से इन स्पंदनों का तुम्हारे अपने विचार में रूपांतर होता है। और इस प्रकार मेरा विचार तुम्हारे पास पहुँचता है। यहाँ पहले विचार विघटित होकर आकाश-तत्व में मिल जाता है और फिर वही विचार वहाँ संघटित हो जाता है, यह एक चक्राकार प्रक्रिया है। किंतु दूर-संवेदन **(telepathy)** में इस प्रकार की कोई चक्राकार क्रिया नहीं होती; इसमें मेरा विचार सीधा-सीधा तुम्हारे पास पहुँच जाता है।

इससे स्पष्ट है कि मन एक अखंड वस्तु है, जैसा कि योगी कहते हैं। मन विश्वव्यापी है। तुम्हारा मन, मेरा मन, ये सब विभिन्न मन उस समष्टि-मन के अंश मात्र हैं, मानो समुद्र पर उठने वाली छोटी-छोटी लहरें हैं और इस अखंडता के कारण ही हम अपने विचारों को एकदम सीधे, बिना किसी माध्यम के परस्पर संक्रमित कर सकते हैं।

हमारे आसपास के संसार में क्या हो रहा है, यह तो तुम देख ही रहे हो। अपना प्रभाव चलाना, यही दुनिया है। हमारी शक्ति का कुछ अंश तो हमारे शरीर-धारण के प्रयोग में आता है और शेष का प्रत्येक कण दूसरों पर अपना प्रभाव डालने में रात-दिन खर्च होता रहता है। हमारे शरीर, हमारे गुण, हमारी बुद्धि तथा हमारा आत्मिक बल- ये सब निरंतर दूसरों पर प्रभाव डालते आ रहे हैं। इसी प्रकार विपरीत रूप में, दूसरों का प्रभाव हम पर पड़ता चला आ रहा है। हमारे आसपास यही सब चल रहा है। एक स्थूल उदाहरण लो। एक व्यक्ति तुम्हारे पास आता है, वह खूब पढ़ा-लिखा है, उसकी भाषा भी सुंदर है, वह तुमसे एक घंटा बात करता है, फिर भी वह अपना प्रभाव नहीं छोड़ पाता। दूसरा व्यक्ति आता है। वह मात्र कुछ शब्द बोलता है। शायद वे व्याकरणशुद्ध और व्यवस्थित भी नहीं होते, लेकिन फिर भी वह प्रभाव डाल जाता है। यह तो तुममें से अनेक ने अनुभव किया होगा। इससे स्पष्ट है कि मनुष्य पर जो प्रभाव पड़ता है, वह केवल शब्दों द्वारा ही नहीं होता। शब्द ही नहीं, विचार भी संभवतः प्रभाव का एक-तिहाई अंश ही उत्पन्न करते होंगे, परंतु शेष दो-तिहाई प्रभाव तो उसके व्यक्तित्व का ही होता है। जिसे तुम वैयक्तिक चुंबक कहते हो, वही प्रकट होकर तुमको प्रभावित कर देता है।

हम लोगों के परिवारों में मुख्य संचालक होते हैं। इनमें से कोई-कोई संचालक घर चलाने में सफल होते हैं और कोई नहीं। ऐसा क्यों? जब हमें असफलता मिलती है, तो हम दूसरों को कोसते हैं। जैसे ही मुझे असफलता मिलती है, वैसे ही मैं कह उठता हूँ कि अमुक-अमुक मेरी असफलता के कारण हैं। असफलता आने पर व्यक्ति अपनी कमजोरी और अपने दोष को स्वीकार करना नहीं चाहता। प्रत्येक व्यक्ति यह दिखाने का प्रयास करता है कि वह निर्दोष है और सारा दोष वह किसी व्यक्ति पर, किसी वस्तु पर और अंत में दुर्भाग्य पर मढ़ना चाहता है। जब घर का मुखिया असफल हो, तो उसे स्वयं से यह प्रश्न

पूछना चाहिए कि कुछ लोग अपना घर किस प्रकार इतनी अच्छी तरह चला सकते हैं तथा दूसरे क्यों नहीं। तब तुम्हें पता चलेगा कि यह अंतर उस व्यक्ति के ही कारण है, उस व्यक्ति के व्यक्तित्व के कारण ही यह अंतर पड़ता है।

मानव जाति के बड़े-बड़े नेताओं की बात यदि ली जाए तो हमें सदा यही दिखाई देगा कि उनका व्यक्तित्व ही उनके प्रभाव का प्रमुख कारण था। अब बड़े-बड़े प्राचीन लेखकों और विचारकों को लो। सच पूछिए तो, असल और सच्चे विचार उन्होंने हमारे समक्ष कितने रखे हैं? अतीतकालीन नेताओं ने जो कुछ लिख छोड़ा है, उस पर विचार करो, उनकी लिखी हुई पुस्तकों को देखो और प्रत्येक का मूल्यांकन करो। मौलिक, नए और स्वतंत्र विचार, जो अभी तक इस संसार में सोचे गए हैं, मात्र मुट्ठी भर ही हैं। उन लोगों ने जो विचार हमारे लिए छोड़े हैं, उनको उन्हीं की पुस्तकों में से पढ़ो, तो वे हमें कोई पारंगत नहीं प्रतीत होते, किंतु फिर भी हम यह जानते हैं कि अपने समय में वे दिग्गज व्यक्ति थे। इसका कारण क्या है? वे जो बहुत बड़े प्रतीत होते थे, वह मात्र उनके सोचे हुए विचारों या उनकी लिखी हुई पुस्तकों के कारण नहीं था और उनके दिए हुए भाषणों के कारण ही था, बल्कि किसी एक दूसरी ही बात के कारण, जो अब निकल गई है और वह है उनका व्यक्तित्व। जैसा मैं पहले कह चुका हूँ, व्यक्तित्व दो-तिहाई अंश होता है और शेष एक-तिहाई अंश होता है- मनुष्य की बुद्धि और उसके कहे हुए शब्द। सच्चा मनुष्यत्व या उसका व्यक्तित्व ही वह वस्तु है, जो हम पर प्रभाव डालती है। हमारे कर्म हमारे व्यक्तित्व की बाह्य अभिव्यक्ति मात्र हैं। प्रभावी व्यक्तित्व कर्म के रूप में व्यक्त होगा ही, कारण के रहते हुए कार्य का प्रादुर्भाव अवश्यंभावी है।

समस्त शिक्षा तथा प्रशिक्षण का एकमात्र उद्देश्य मानव का निर्माण होना चाहिए। लेकिन हम यह न करके केवल बहिरंग पर ही पानी चढ़ाने का सदा प्रयास करते हैं। जहाँ व्यक्तित्व का ही अभाव है, वहाँ मात्र बहिरंग पर पानी

चढ़ाने का प्रयास करने से क्या लाभ? सारी शिक्षा का ध्येय है मनुष्य का विकास। वह व्यक्ति जो अपना प्रभाव सभी पर डालता है, जो अपने साथियों पर जादू सा कर देता है, शक्ति का एक महान केंद्र है और जब वह व्यक्ति तैयार हो जाता है, वह जो चाहे कर सकता है। यह व्यक्तित्व जिस वस्तु पर अपना प्रभाव डालता है, उसी वस्तु को कार्यशील बना देता है।

अब हम देखते हैं कि यद्यपि यह बात सत्य है, फिर भी कोई भौतिक सिद्धांत, जो हमें ज्ञात है, इसकी व्याख्या नहीं कर सकता। रासायनिक या भौतिक ज्ञान इसकी व्याख्या कैसे कर सकता है? कितनी ओषजन **(oxygen)**, कितनी उद्जन वायु **(hydrogen)**, कितना कोयला **(carbon)** या कितने परमाणु और उनकी कितनी विभिन्न अवस्थाएँ, उसमें मौजूद कितने कोष **(cells)** आदि, इस गूढ़ व्यक्तित्व का स्पष्टीकरण कर सकते हैं? फिर भी हम देखते हैं कि यह व्यक्तित्व एक सत्य है, इतना ही नहीं, बल्कि यही प्रकृत मानव है। यही व्यक्ति की सब क्रियाओं को अनुप्राणित करता है, सभी पर प्रभाव डालता है, साथियों को कार्य में प्रवृत्त करता है तथा उस व्यक्ति के लय के साथ विलीन हो जाता है। उसकी बुद्धि, उसकी पुस्तक और उसके किए हुए कार्य- ये सब तो केवल पीछे रह गए कुछ चिह्न मात्र हैं। इस बात पर विचार करो। इन महान धर्माचार्यों की बड़े-बड़े दार्शनिकों से तुलना करो। इन दार्शनिकों ने बड़ी आश्चर्यजनक पुस्तकें लिख डाली हैं, किंतु फिर भी शायद ही किसी के अंतर्मानव को, व्यक्तित्व को उन्होंने प्रभावित किया हो। इसके विपरीत महान धर्माचार्यों को देखो, उन्होंने अपने जीवन काल में सारे देश को झकझोर दिया था। व्यक्तित्व ही था वह, जिसने यह अंतर उत्पन्न किया। दार्शनिकों में यह प्रभाव डालने वाला व्यक्तित्व नाममात्र ही होता है और महान धर्मसंस्थापकों का वही व्यक्तित्व प्रचंड होता है। पहले में बुद्धि तथा दूसरे में जीवन होता है। पहला मानो केवल एक रासायनिक प्रक्रिया है, जिसके द्वारा कुछ रासायनिक उपादान इकट्ठे होकर आपस में धीरे-

धीरे संयुक्त हो जाते हैं और अनुकूल परिस्थिति होने से या तो उनमें प्रकाश की दीप्ति प्रकट होती है, या वे असफल ही हो जाते हैं। दूसरा एक जलती हुई मशाल के समान है, जो शीघ्र ही एक के बाद दूसरे को प्रज्वलित करता है।

योगशास्त्र यह दावा करता है कि उसने उन नियमों को खोज निकाला है, जिनके माध्यम से इस व्यक्तित्व का विकास किया जा सकता है। इन नियमों तथा उपायों की ओर ठीक-ठीक ध्यान देने से व्यक्ति अपने व्यक्तित्व का विकास कर सकता है और उसे शक्तिशाली बना सकता है। महत्त्वपूर्ण व्यवहार हेतु उपयोगी बातों में यह भी एक है और समस्त शिक्षा का यही रहस्य है। इसकी उपयोगिता सार्वदेशीय है। चाहे वह गृहस्थ हो या गरीब, अमीर, व्यापारी या धार्मिक, सभी के जीवन में व्यक्तित्व को शक्तिशाली बनाना ही एक महत्त्व की बात है। ऐसे कई सूक्ष्म नियम हैं, जो हम जानते हैं, इन भौतिक नियमों के परे हैं। तात्पर्य यह कि भौतिक जगत, मानसिक जगत अथवा आध्यात्मिक जगत, इस प्रकार की कोई नितांत स्वतंत्र सत्ताएँ नहीं हैं। जो कुछ है, सब एक तत्व है। अथवा हम इस प्रकार कहेंगे कि यह सब एक ऐसी शुंडाकार वस्तु है, जो यहाँ पर स्थूल है और जैसे-जैसे यह ऊँची चढ़ती है, वैसे-वैसे वह सूक्ष्म होती जाती है; सूक्ष्मतम को हम आत्मा कहते हैं और स्थूलतम को देह। और जो कुछ छोटे प्रमाण में इस शरीर में है, वही बड़े प्रमाण में संसार में है। जो पिंड में है, वही ब्रह्मांड में है। यह हमारा विश्व ठीक इसी प्रकार का है। बहिरंग में स्थूल घनत्व है और जैसे-जैसे यह ऊँचा चढ़ता है, वैसे-वैसे वह सूक्ष्मतर होता जाता है और अंततः ईश्वर स्वरूप बन जाता है।

हम यह भी जानते हैं कि सर्वाधिक शक्ति सूक्ष्म में है, स्थूल में नहीं। एक व्यक्ति भारी वजन उठाता है। उसकी पेशियाँ फूल उठती हैं और सारे शरीर पर परिश्रम के चिह्न दिखने लगते हैं। हम समझते हैं कि पेशियाँ बहुत शक्तिशाली वस्तु हैं। किंतु वास्तव में जो पेशियों को शक्ति देती हैं, वे तो धागे के समान पतली नाड़ियाँ **(nerves)** हैं। जिस क्षण इन तंतुओं में से एक का भी संबंध

पेशियों से टूट जाता है, उसी क्षण वे पेशियाँ काम की नहीं रह जाती हैं। ये छोटी-छोटी नाड़ियाँ किसी अन्य सूक्ष्मतर वस्तु से अपनी शक्ति ग्रहण करती हैं और वह सूक्ष्मतर वस्तु फिर अपने से भी अधिक सूक्ष्म विचारों से शक्ति प्राप्त करती है। इसी प्रकार यह क्रम चलता रहता है। इसलिए वह सूक्ष्म तत्व ही है, जो शक्ति का अधिष्ठान है। स्थूल में होने वाली गति हम अवश्य देख सकते हैं, किंतु सूक्ष्म में होने वाली गति हम देख नहीं सकते। जब स्थूल वस्तुएँ गति करती हैं, तो हमें उनका बोध होता है और इसलिए हम स्वाभाविक रूप से गति का संबंध स्थूल से जोड़ देते हैं; लेकिन वास्तव में सारी शक्ति सूक्ष्म में ही है। सूक्ष्म में होने वाली गति हम नहीं देख सकते। संभवतः इसका कारण यह है कि वह गति इतनी गहरी होती है कि हम उसका अनुभव नहीं कर सकते। लेकिन अगर कोई शास्त्र या कोई शोध इन सूक्ष्म शक्तियों के ग्रहण करने में सहायता दे, तो यह व्यक्त संसार ही, जो इन शक्तियों का परिणाम है, हमारे अधीन हो जाएगा। पानी का एक बुलबुला झील के तल से निकलता है, वह ऊपर आता है, किंतु हम उसे देख नहीं सकते, जब तक कि वह सतह पर आकर फूट नहीं जाता। इसी प्रकार विचार अधिक विकसित हो जाने पर या कार्य में परिणत होने पर ही देखे जा सकते हैं। हम सदैव यही कहते हैं कि हमारे कर्मों पर, हमारे विचारों पर हमारा अधिकार नहीं चलता। यह अधिकार हम कैसे प्राप्त कर सकते हैं? अगर हम सूक्ष्म गतियों पर नियंत्रण कर सकें और विचार के विचार बनने तथा कार्यरूप में परिणत होने के पहले ही यदि उसको मूल में ही अधीन कर सकें, तो इस सबको नियंत्रित कर सकना हमारे लिए संभव होगा। अब यदि ऐसा कोई उपाय हो, जिसके द्वारा हम इन सूक्ष्म कारणों और इन सूक्ष्म शक्तियों का विश्लेषण कर सकें, उन्हें समझ सकें तथा अंततः अपने अधीन कर सकें, तभी हम स्वयं पर अपना शासन चला सकेंगे। और जिस व्यक्ति का मन उसके अधीन होगा, निश्चय ही वह दूसरों के मन को भी अपने अधीन कर सकेगा। यही कारण है कि पवित्रता तथा नैतिकता

हमेशा धर्म के विषय रहे हैं। पवित्र, सदाचारी व्यक्ति स्वयं पर नियंत्रण रखता है। और सारे मन एक ही हैं, समष्टि-मन के अंश मात्र हैं। जिसे एक ढेले का ज्ञान हो गया, उसने संसार की सारी मिट्टी जान ली। जो अपने मन को जानता है और स्व-अधीन रख सकता है, वह प्रत्येक मन का रहस्य जानता है और प्रत्येक मन पर अधिकार रखता है।

अगर हम इन सूक्ष्म अंशों को नियंत्रित कर सकें, तो हम अपने अधिकांश शारीरिक कष्टों को दूर कर सकते हैं। अगर हम सूक्ष्म हलचलों को वश में कर सकें, तो हम अपनी उलझनों को दूर कर सकते हैं। अगर हम इन सूक्ष्म शक्तियों को अपने अधीन कर लें, तो अनेक असफलताएँ टाली जा सकती हैं। यहाँ तक तो उपयोगिता के विषय में हुआ; परंतु इसके परे और भी कुछ उच्चतर है।

अब मैं तुम्हें एक सिद्धांत बताता हूँ, जिसके विषय में मैं अभी विचार-विमर्श न करूँगा, मात्र निष्कर्ष ही तुम्हारे सामने रखूँगा। प्रत्येक व्यक्ति अपने बाल्यकाल में ही उन-उन अवस्थाओं को पार कर लेता है, जिनमें से होकर उसका समाज गुजरा है। अंतर मात्र इतना है कि समाज को उसमें हजारों वर्ष लगे हैं, जबकि बालक कुछ वर्षों में ही उनमें से पार हो जाता है। बालक पहले जंगली मनुष्य की अवस्था में होता है, वह तितली को अपने पैरों के नीचे कुचल डालता है। शुरू में बालक अपनी जाति के जंगली पूर्वजों सा होता है। जैसे-जैसे वह बढ़ता है, अपनी जाति की विभिन्न अवस्थाओं को पार करता जाता है, जब तक कि वह अपनी जाति की उन्नत अवस्था तक पहुँच नहीं जाता। अंतर यही है कि वह तेजी से और जल्दी-जल्दी पार कर लेता है। अब समस्त मानव-समाज को या प्राणिजगत और मनुष्य तथा निम्न स्तर के प्राणियों की समष्टि को एक जाति मान लो। एक ऐसा लक्ष्य है, जिसकी ओर यह समष्टि बढ़ रही है। उस लक्ष्य को हम पूर्णत्व नाम दे दें। कुछ पुरुष और महिलाएँ ऐसी होती हैं, जो मानव-समाज के भविष्यकालीन समग्र विकास की कल्पना पहले ही कर लेती हैं। संपूर्ण मानव-समाज जब तक उस

पूर्णत्व को न पहुँचे, तब तक राह देखते रहने और बार-बार जन्म लेने की अपेक्षा, वे जीवन के कुछ ही वर्षों में इन सब अवस्थाओं का अतिक्रमण कर पूर्णता की ओर बढ़ जाते हैं। और हम जानते हैं कि इन अवस्थाओं में से हम तीव्रगति से आगे बढ़ सकते हैं, अगर हम अपने प्रति ईमानदार हैं।

असंस्कृत मनुष्यों को यदि हम एक द्वीप पर छोड़ दें और उन्हें कठिनता से पर्याप्त खाने, ओढ़ने तथा रहने को मिले, तो वे धीरे-धीरे उन्नत होकर संस्कृति की एक-एक सीढ़ी चढ़ते जाएँगे। हम यह भी जानते हैं कि अन्य विशेष साधनों द्वारा भी इस विकास की गति बढ़ाई जा सकती है। क्या हम वृक्षों के विकास में सहायता नहीं करते? यदि वे निसर्ग पर छोड़ दिए जाते, तो भी वे बढ़ते, अंतर यही है कि उन्हें अधिक समय लगता। निसर्गतः लगने वाले समय से कम समय में ही उनके विकास के लिए हम मदद पहुँचाते हैं। कृत्रिम साधनों द्वारा वस्तुओं का विकास तीव्रतर करना- यही हम सतत करते आए हैं। तो फिर हम मनुष्य का विकास शीघ्रतर क्यों नहीं कर सकते? समस्त मानव जाति के विषय में हम ऐसा कर सकते हैं। परदेशों में प्रचारक क्यों भेजे जाते हैं? इसलिए कि इन उपायों द्वारा जाति को हम शीघ्रतर उन्नत कर सकते हैं। तो, अब क्या हम लोगों का विकास शीघ्रतर नहीं कर सकते? जरूर कर सकते हैं। क्या हम इस विकास की शीघ्रता की कोई मर्यादा बाँध सकते हैं।

यह हम नहीं कह सकते कि एक जीवन में व्यक्ति कितनी उन्नति कर सकता है। ऐसा कहने के लिए तुम्हारे पास कोई आधार नहीं कि व्यक्ति केवल इतनी ही उन्नति कर सकता है, अधिक नहीं। अनुकूल परिस्थिति से उसका विकास आश्चर्यजनक शीघ्रता से हो सकता है। तो फिर क्या मनुष्य के पूर्ण विकसित होने के पहले उसके विकास की गति की कोई मर्यादा हो सकती है? अतएव इस सबका अभिप्राय क्या है? यही कि व्यक्ति इस जन्म में ही पूर्णत्व-लाभ कर सकता है और उसे इसके लिए करोड़ों वर्ष तक इस संसार में आवागमन की

आवश्यकता नहीं। और यही बात योगी कहते हैं कि सब बड़े अवतार तथा धर्म-संस्थापक ऐसे ही पुरुष होते हैं। उन्होंने इस एक ही जीवन में पूर्णत्व प्राप्त कर लिया है। संसार के इतिहास के सब कालों में इस प्रकार के मनुष्य जन्म लेते आए हैं। अभी कुछ ही दिन पहले एक ऐसे महापुरुष श्री रामकृष्ण परमहंस ने जन्म लिया था, जिन्होंने मानव-समाज के समग्र जीवन की विभिन्न अवस्थाओं का अनुभव अपने इसी जीवन में कर लिया था और जो इसी जीवन में पूर्णत्व तक पहुँच गए थे। लेकिन विकास की यह त्वरित गति भी कुछ नियमों के अनुसार होनी चाहिए। अब ऐसी कल्पना करो कि इन नियमों को हम जान सकते हैं, उनका रहस्य समझ सकते हैं और उनको अपनी आवश्यकताएँ पूरी करने के लिए उपयोग में ला सकते हैं, तो यह स्पष्ट है कि इससे हमारा विकास होगा। हम अगर अपनी उन्नति तीव्रतर करें, अपना विकास तीव्रतर करें, तो इस जीवन में ही हम पूर्ण विकसित हो सकते हैं। हमारे जीवन का उदात्त अंश यही है और मन तथा उसकी शक्तियों के अध्ययन का विज्ञान इस पूर्ण विकास को ही अपना उद्देश्य मानता है। पैसा और भौतिक वस्तुएँ देकर दूसरों की सहायता करना तथा उन्हें सुगमता से जीवन-यापन करना सिखाना, ये सब तो जीवन की मात्र गौण बातें हैं।

मनुष्य को पूर्ण विकसित बनाना, यही इस शास्त्र का उपयोग है। युगानुयुग प्रतीक्षा करने की जरूरत नहीं। जैसे एक काठ का टुकड़ा मात्र खिलौना बन समुद्र की लहरों द्वारा इधर-उधर फेंका जाता रहता है, उसी प्रकार हमें भी प्रकृति के जड़-नियमों के हाथों खिलौना बनने की जरूरत नहीं है। यह विज्ञान चाहता है कि तुम शक्तिशाली बनो, कार्य को अपने ही हाथ में लो, प्रकृति के आसरे मत छोड़ो और इस छोटे से जीवन के उस पार हो जाओ। यही वह उदात्त लक्ष्य है।

मनुष्य के ज्ञान, शक्ति और सुख की वृद्धि होती जा रही है, हम एक जाति के रूप में निरंतर उन्नति करते जा रहे हैं। हम देखते हैं कि यह सच है, बिलकुल

सच है। क्या यह प्रत्येक व्यक्ति के विषय में भी सच है? हाँ, कुछ अंश तक सच है। परंतु फिर वही प्रश्न उठता है कि इसकी सीमा-रेखा कौन-सी है? मैं तो केवल कुछ ही गज की दूरी तक देख सकता हूँ; परंतु मैंने ऐसा व्यक्ति देखा है, जो आँख बंद कर लेता है और फिर भी बता देता है कि दूसरे कमरे में क्या हो रहा है। अगर तुम कहो कि हम इस पर विश्वास नहीं करते, तो शायद तीन सप्ताह के भीतर वह व्यक्ति तुममें भी वैसा ही सामर्थ्य उत्पन्न कर देगा। यह किसी भी व्यक्ति को सिखाया जा सकता है। कुछ मनुष्य तो मात्र पाँच मिनट के अंदर ही यह जानना सीख सकते हैं कि दूसरे व्यक्ति के मन में क्या चल रहा है। ये बातें प्रत्यक्ष कर दिखाई जा सकती हैं।

अब अगर यह बात सच है, तो सीमा-रेखा कहाँ पर खींची जा सकती है? यदि व्यक्ति कोने में बैठे हुए दूसरे व्यक्ति के मन में क्या चल रहा है, यह जान सकता है, तो वह दूसरे कमरे में बैठे रहने पर भी क्यों न जान सकेगा और इतना ही क्यों, कहीं पर भी बैठकर क्यों न जान सकेगा? हम यह नहीं कह सकते कि ऐसा क्यों नहीं होगा? हम यह कहने का साहस नहीं कर सकते कि यह असंभव है। हम मात्र इतना ही कह सकते हैं कि हम नहीं जानते, यह कैसे संभव है। ऐसी बातें होनी असंभव हैं, ऐसा कहने का भौतिक वैज्ञानिक को कोई अधिकार नहीं। वे मात्र कह सकते हैं, “हम नहीं जानते।” विज्ञान का काम केवल इतना है कि घटनाओं को एकत्र कर उनका सामान्यीकरण करे, अनुस्यूत नियमों को निकाले और सत्य का विधान करे। लेकिन अगर हम तथ्यों को ही इनकार करने लगें, तो विज्ञान बन कैसे सकता है?

मानव कितनी शक्ति प्राप्त कर सकता है, इसका कोई अंत नहीं। भारतीय मन की यही विशेषता है कि जब किसी एक वस्तु में उसे रुचि उत्पन्न हो जाती है, तो वह उसी में लीन हो जाता है और दूसरी बातों को भूल जाता है। तुम जानते हो कि कितने शास्त्रों का उद्गम भारतवर्ष में हुआ है। गणितशास्त्र की शुरुआत

यहीं हुई। आज भी तुम लोग संस्कृत अंक-गणना पद्धति के अनुसार एक, दो, तीन आदि शून्य तक गिनते हो और तुमको यह भी ज्ञात है कि बीजगणित का उदय भारत में ही हुआ। उसी प्रकार न्यूटन का जन्म होने के हजारों वर्ष पहले ही भारतीयों को गुरुत्वाकर्षण का सिद्धांत ज्ञात था।

इस विशेषता की ओर थोड़ा ध्यान दो। भारतीय इतिहास के एक समय में भारतवासियों का चित्त मानव और उसके मन के अध्ययन में ही डूब गया था। और यह विषय बहुत आकर्षक था, क्योंकि अपनी ध्येय-वस्तु प्राप्त करने का उन्हें यह सरलतम उपाय लगा। इस समय भारतवासियों का ऐसा दृढ़ निश्चय हो गया था कि विशिष्ट नियमों के आधार पर परिचालित होने से मन कोई भी कार्य कर सकता है। और इसीलिए मन की शक्तियाँ ही उनके अध्ययन का विषय बन गई थीं। जादू, तंत्र-मंत्र तथा अन्यान्य सिद्धियाँ कोई असाधारण बातें नहीं हैं; ये भी उतनी ही सरलता से सिखाई जा सकती हैं, जितना कि इनके पहले भौतिक शास्त्र सिखाए गए थे। इन बातों पर उन लोगों का इतना दृढ़ विश्वास बैठ गया कि भौतिक शास्त्र लगभग मरे से हो गए। यही एक बात थी, जिसने उनका मन आकृष्ट कर रखा था। योगियों के विभिन्न संप्रदाय अनेक प्रकार के प्रयोग करने लगे। कुछ लोगों ने प्रकाश के संदर्भ में प्रयोग किए और यह जानना चाहा कि विभिन्न वर्णों की किरणों का शरीर पर कौन-सा प्रभाव पड़ता है। वे विशिष्ट रंग का कपड़ा पहनते थे, विशेष रंग में वास करते थे और विशेष रंग के ही अन्न खाते थे। इस तरह सब प्रकार के प्रयोग किए जाने लगे। दूसरों ने अपने कान बंद कर या खुले रखकर ध्वनि के विषय में प्रयोग करना शुरू किया और अन्य योगियों ने घ्राणेंद्रिय के संबंध में।

सभी का ध्येय एक था- वस्तु के मूल अथवा सूक्ष्म कारण तक किस प्रकार पहुँचना और उनमें से कुछ लोगों ने वास्तव में आश्चर्यजनक सामर्थ्य प्रकट किया। बहुतों ने आकाश में विचरने और उड़ने का प्रयास किया। मैं एक बड़े

पाश्चात्य विद्वान की बताई हुई एक कथा कहूँगा। लंका के गवर्नर ने, जिन्होंने यह घटना प्रत्यक्ष देखी थी, उससे कही थी। एक लड़की उपस्थित की गई और वह पलथी मारकर 'स्टूल' पर बैठ गई। स्टूल लकड़ियों को आड़ी टेढ़ी जमाकर बना दिया गया था। कुछ देर उसके उस स्थिति में बैठने के बाद वह तमाशा दिखाने वाला व्यक्ति धीरे-धीरे एक-एक करके लकड़ियाँ हटाने लगा और वह लड़की हवा में, अधर में ही लटकती रह गई। गवर्नर ने सोचा कि इसमें कोई चतुराई है, इसलिए उन्होंने तलवार खींची और तेजी से उस लड़की के नीचे से घुमाई। किंतु लड़की के नीचे कुछ भी नहीं था। अब कहो, यह क्या है? यह कोई जादू न था और न कोई असाधारण बात ही थी। यही विशेषता है। कोई भी भारतीय ऐसा न कहेगा कि इस प्रकार की घटना नहीं हो सकती। हिंदू के लिए यह एक साधारण बात है। तुम जानते हो, जब हिंदुओं को शत्रुओं से युद्ध करना होता है, तो वे क्या कहते हैं- "हमारा एक योगी तुम्हारे झुंड के झुंड मार भगाएगा।" उस राष्ट्र का यह दृढ़ विश्वास है। हाथ या तलवार में शक्ति कहाँ? शक्ति तो है आत्मा में।

अगर यह सच है, तो मन के लिए यह प्राणपण से प्रयास करने के लिए काफी प्रलोभन है। लेकिन कोई महान उपलब्धि प्राप्त करना जिस प्रकार प्रत्येक विज्ञान में कठिन है, उसी प्रकार इस क्षेत्र में भी। इतना ही नहीं, बल्कि यहाँ तो और भी अधिक कठिन है। फिर भी कई लोग समझते हैं कि ये शक्तियाँ सुगमता से प्राप्त की जा सकती हैं। संपत्ति प्राप्त करने के लिए तुम्हें कितने वर्ष व्यतीत करने पड़ते हैं? थोड़ा इसका विचार करो। बिजली या यंत्र संबंधी ज्ञान के अध्ययन में ही तुम्हें कितने वर्ष बिताने पड़ते हैं और फिर सारे जीवन काम करते रहना पड़ता है।

पुनश्च, इतर विज्ञानों का विषय है स्थिर वस्तुएँ, ऐसी वस्तुएँ, जो गति नहीं करीं। तुम कुर्सी का विश्लेषण कर सकते हो, कुर्सी दूर नहीं भाग जाती। किंतु यह मनोविज्ञान मन को अपना विषय बनाता है वह मन, जो सदैव चंचल है। ज्यों ही तुम उसका अध्ययन करना चाहते हो, वह भाग जाता है, अभी मन में एक वृत्ति

विद्यमान है, फिर दूसरी उदित हो जाती है। इस प्रकार मन सर्वदा बदलता ही जाता है। उसकी चंचलता में ही उसका अध्ययन करना पड़ता है, उसे समझना पड़ता है, उसका आकलन करना पड़ता है, उसको अपने वश में लाना पड़ता है। इसलिए देखो, यह शास्त्र कितना अधिक कठिन है! यहाँ कठोर अभ्यास की आवश्यकता है। लोग मुझसे पूछते हैं कि आप प्रत्यक्ष प्रयोग कर क्यों नहीं सिखाते? यह कोई मजाक नहीं है। मैं इस मंच पर खड़े-खड़े व्याख्यान देता हूँ और तुम सुनकर घर चले जाते हो, तुम्हें कोई लाभ नहीं होता और न मुझे ही। तब तुम कहते हो- "यह सब पाखंड है।" ऐसा इस कारण होता है कि तुम्हीं इसे पाखंड बनाना चाहते थे। इस शास्त्र का मुझे बहुत थोड़ा ज्ञान है, लेकिन जो कुछ थोड़ा-बहुत जानता हूँ, उसके लिए तीस वर्ष तक मैंने अभ्यास किया है और मैं छः वर्ष हुए लोगों को वह सिखा रहा हूँ। मुझे तीस वर्ष लगे इसके अभ्यास के लिए! तीस वर्ष की कड़ी कोशिश! कभी-कभी चौबीस घंटों में मैं बीस घंटे साधना करता रहा हूँ। कभी रात में एक ही घंटा सोया हूँ। कभी रात-रात भर मैंने प्रयोग किए हैं; कभी-कभी मैं ऐसी जगहों में रहा हूँ, जहाँ किसी प्रकार का कोई शब्द न था, साँस तक की आवाज न थी। कभी मुझे गुफाओं में रहना पड़ा है। इस बात पर तुम चिंतन करो। और फिर भी मुझे बहुत थोड़ा मालूम है या कहो, बिलकुल ही नहीं! मैंने मुश्किल से इस शास्त्र की मानो किनार भर छू पाई है। किंतु मैं समझ सकता हूँ कि यह सच है; अपार है और आश्चर्यजनक है।

अब अगर तुममें से कोई इस विज्ञान का वास्तव में अध्ययन करना चाहता है, तो उसी प्रकार के निश्चय से शुरू करना होगा, जिस निश्चय से वह किसी व्यवसाय की शुरुआत करता है। यही नहीं, बल्कि संसार के किसी भी व्यवसाय की अपेक्षा उसे इसमें अधिक दृढ़ निश्चय लगाना होगा।

व्यवसाय के लिए कितने मनोयोग की जरूरत होती है और वह व्यवसाय हमसे कितने कड़े श्रम की माँग करता है। यदि बाप, माँ, स्त्री या बच्चा भी मर

जाए, तो भी व्यवसाय रुकने का नहीं! चाहे हमारे हृदय के टुकड़े-टुकड़े हो रहे हों, फिर भी हमें व्यवसाय की जगह पर जाना ही होगा, चाहे व्यवसाय का प्रत्येक घंटा हमारे लिए यंत्रणा क्यों न हो। यह है व्यवसाय और हम समझते हैं कि यह ठीक ही है, इसमें कोई अन्याय नहीं है।

यह शास्त्र किसी भी अन्य व्यवसाय से अधिक लगन की माँग करता है। व्यवसाय में तो अनेक व्यक्ति सफलता प्राप्त कर सकते हैं, किंतु इस मार्ग में बहुत ही थोड़े; क्योंकि यहाँ पर मुख्य रूप से साधक के मानसिक गठन पर ही सब कुछ आधारित रहता है। जिस प्रकार व्यवसायी, चाहे धन जोड़ सके अथवा न जोड़ सके, कुछ कमाई तो अवश्य कर लेता है, उसी प्रकार इस शास्त्र के प्रत्येक साधक को कुछ ऐसी झलक अवश्य मिलती है, जिससे उसका विश्वास हो जाता है कि ये बातें सच हैं और ऐसे मनुष्य हो गए हैं, जिन्होंने इन सभी का पूर्ण अनुभव कर लिया था।

इस विज्ञान की यह मात्र रूपरेखा है। यह विज्ञान स्वतः प्रमाण तथा स्वयं-प्रकाश है और किसी भी अन्य शास्त्र अथवा विज्ञान को अपने से तुलना करने के लिए ललकारता है। संसार में पाखंडी, जादूगर, धोखेबाज अनेक हो गए हैं और विशेष रूप से इस क्षेत्र में। ऐसा क्यों? इसीलिए कि जो व्यवसाय जितना अधिक लाभप्रद होता है, उसमें उतने ही अधिक पाखंडी और धोखेबाज होते हैं। किंतु उस व्यवसाय के अच्छे न होने का यह कोई कारण नहीं। एक बात और बता देना चाहता हूँ। इस शास्त्र के अनेक वादों को सुनना बुद्धि के लिए चाहे बहुत अच्छी कसरत हो और आश्चर्यजनक बातें सुनने से चाहे तुम्हें बौद्धिक संतोष मिलता हो, किंतु यदि इससे परे सचमुच तुम्हें कुछ सीखने की इच्छा है, तो भाषणों को सुनने मात्र से काम न चलेगा। यह व्याख्यानों द्वारा नहीं सिखाया जा सकता, क्योंकि यह अनुभवप्राप्त जीवन की वस्तु है और अनुभवप्राप्त जीवन ही अनुभव दिला सकता है। अगर तुममें से सचमुच कोई अध्ययन करना चाहता है, तो उसको सहायता देने में मुझे बड़ी प्रसन्नता होगी।

3
क्रियात्मक आध्यात्मिकता के प्रति संकेत

लॉस एंजिलिस, कैलिफोर्निया में स्वामी जी द्वारा दिया गया भाषण

आज सुबह मैं प्राणायाम तथा अन्य साधनाओं के विषय में कुछ विचार प्रकट करूँगा। हमने अभी तक मात्र सैद्धांतिक चर्चा ही की है, अब क्रियात्मक पक्ष की ओर ध्यान देना आवश्यक है। भारत में इस विषय पर अनेक पुस्तकें लिखी गई हैं। जिस प्रकार तुम लोग अनेक बातों में व्यवहारकुशल हो, उसी प्रकार हम भारतवासी इस विषय में हैं। तुम लोगों में से पाँच व्यक्ति इकट्ठे हो जाते हैं और उनका विचार हो जाता है कि वे एक 'ज्वाइंट स्टॉक कंपनी' खोलें और पाँच घंटे बाद कंपनी खुल भी जाती है। किंतु भारत में लोगों से पचास वर्ष में भी ऐसी कंपनी नहीं खुल सकती। भारतवासी इन बातों में व्यवहारकुशल हैं ही नहीं। परंतु अगर कोई नयी दर्शन-प्रणाली प्रवर्तित करे, तो तुम निश्चय समझ लो कि वह चाहे जितना ही विलक्षण क्यों न हो, उसके अनुयायी निकल ही पड़ेंगे।

उदाहरण के लिए अगर कोई संप्रदाय यह कहे कि बारह वर्ष दिन-रात एक पैर पर खड़े रहने से मुक्ति मिल जाएगी, तो एक पैर पर खड़े रहने के लिए प्रस्तुत सैकड़ों व्यक्ति मिल जाएँगे। वे सारा कष्ट चुपचाप सह लेंगे। वहाँ ऐसे भी लोग हैं, जो पुण्य प्राप्त करने के लिए लगातार वर्षों हाथ उठाए ही रह जाएँगे। मैंने स्वयं ऐसे सैकड़ों व्यक्ति देखे हैं। और देखो, इनमें सभी मूर्ख होते हों, ऐसी बात नहीं, उनकी गंभीर तथा विशाल बुद्धि देखकर तुम चकरा जाओगे। इस प्रकार हम देखते हैं कि व्यवहारकुशलता शब्द भी सापेक्ष है।

दूसरों की समीक्षा करते समय हम हमेशा यही भूल कर बैठते हैं; हम सदा यही सोचते हैं कि हमारी छोटी बुद्धि जितना समझ सकती है, उतना ही यह विश्व है; हमारी अपनी नीतिशास्त्र की कल्पनाएँ, हमारी अपनी कर्तव्यविषयक भावना, हमारी अपनी उपयोगिता के विचार, केवल ये ही श्रेयस्कर हैं। एक दिन मार्सेल्स से होकर यूरोप जाते वक्त मैंने देखा कि साँड़ लड़ाए जा रहे हैं। यह देखकर जहाज में बैठे हुए सब अंग्रेज जोश से पागल हो गए; कहने लगे- "यह तो बिलकुल बेरहमी है।" और बड़े दोष बताकर गालियाँ देने लगे। जब मैं इंग्लैंड गया, तो वहाँ मैंने मुक्केबाजों के एक दल के बारे में सुना, जो पेरिस गए थे और जिन्हें फ्रांसीसियों ने ठोकरें मारकर निकाल दिया था; क्योंकि फ्रांसीसी मुक्केबाजी को बेरहमी मानते हैं। जब इस प्रकार की बातें मैं अनेक देशों में सुनता हूँ, तो ईसा के अप्रतिम शब्दों का अर्थ मेरी समझ में आ जाता है- "दूसरों की समीक्षा न करो, जिससे तुम्हारी भी समीक्षा न हो।" जितना ही अधिक हम ज्ञान प्राप्त करते हैं, उतना ही अधिक हमें ज्ञात होता है कि हम कितने अज्ञ हैं और व्यक्ति का मन कितना बहुमुखी और बहुपक्षीय है। जब मैं छोटा था, तब मैं अपने देशवासियों की तापस साधनाओं के विषय में नुक्ताचीनी करता था। हमारे देश के बड़े-बड़े आचार्यों ने भी उनके विषय में नुक्ताचीनी की है; यही नहीं, संसार के श्रेष्ठतम पुरुष भगवान बुद्ध ने भी उसकी आलोचना की है। परंतु जैसे-जैसे मैं

बड़ा होता जा रहा हूँ, मैं देखता हूँ कि उनकी इस तरह समीक्षा करने का मुझे कोई अधिकार नहीं है। यद्यपि उनकी बातें असंबद्ध होती हैं, तो भी कभी-कभी मैं चाहता हूँ कि उनकी कार्यक्षमता और सहनशक्ति का एक अंश मुझमें आ जाए। मुझे प्रायः लगता है कि मैं जो समीक्षा और आलोचना करता हूँ, वह इस कारण नहीं कि मुझे देह-यातना पसंद नहीं, बल्कि इसलिए कि मैं डरपोक हूँ, मुझमें वह करने का साहस नहीं, मैं उसे आचरण में नहीं ला सकता।

फिर तुम यह भी देखते हो कि बल, शक्ति तथा साहस, ये ऐसी बातें हैं जो बहुत विचित्र हैं। हम अक्सर कहते हैं कि यह मनुष्य शूर है, हिम्मत वाला या वीर है; परंतु हमें स्मरण रखना चाहिए कि शौर्य, साहस या अन्य गुण हमें उस व्यक्ति में सभी अवस्थाओं में दिखाई देंगे, ऐसा नहीं। एक व्यक्ति जो तोप के मुँह में घुस जाएगा, डॉक्टर का चाकू देखकर पीछे हट जाता है जबकि दूसरा व्यक्ति जो तोप को देखने तक की हिम्मत न करेगा, अवसर आने पर डॉक्टर के द्वारा किए बड़े ऑपरेशन को शांति से सहन कर लेता है। इसलिए दूसरों की समीक्षा करते वक्त तुम्हें पहले 'साहस' या 'महानता' की अपनी व्याख्या देनी चाहिए। हो सकता है कि जिस व्यक्ति को मैं बुरा कहता हूँ, वह अन्य कुछ बातों में आश्चर्यजनक रूप से अच्छा हो, जिनमें मैं कभी अच्छा नहीं हो सकता।

दूसरा उदाहरण लो। जब लोग पुरुष और स्त्री की कार्य-शक्ति के संदर्भ में बातचीत करते हैं, तो तुम देखोगे कि वे यही भूल कर बैठते हैं। पुरुष युद्ध तथा कठिन शारीरिक श्रम कर सकता है, इसलिए वे समझते हैं कि वह अधिक श्रेष्ठ है और इसके साथ स्त्री-जाति की शारीरिक दुर्बलता तथा युद्धपराङ्मुखता की तुलना करते हैं। लेकिन यह अन्याय है। स्त्री भी उतनी ही साहसी होती है, जितना कि पुरुष। अपने-अपने ढंग से दोनों ही अच्छे हैं। भला एक ऐसा पुरुष तो बताओ, जो बच्चे का लालन-पालन उतनी सहनशीलता, धैर्य और प्यार के साथ कर सकता हो, जितना एक स्त्री। पुरुष ने अगर अपनी कर्मठता की

सामर्थ्य बढ़ाई है, तो स्त्री ने सहनशीलता की। स्त्री में यदि कार्यक्षमता की कमी है, तो पुरुष कष्ट सहने में कच्चा है। यह पूरा विश्व पूर्ण रूप से संतुलित है। कौन कह सकता है कि शायद एक दिन एक कीड़े में भी कुछ ऐसा गुण दिखे, जो हमारी मनुष्यता को संतुलित करता हो। बहुत दुष्ट व्यक्ति में भी वे गुण हो सकते हैं, जो मुझमें बिलकुल न हों। अपने जीवन में यह सत्य मैं प्रतिदिन देख रहा हूँ। एक जंगली व्यक्ति की ओर ही देखो। मैं कितना चाहता हूँ कि मेरा शरीर भी ऐसा ही मजबूत होता। वह भरपेट खाता-पीता है और बीमारी क्या चीज है, यह संभवतः जानता तक नहीं। इसके विपरीत मैं सर्वदा बीमार रहता हूँ। यदि मैं अपने मस्तिष्क से इसका शरीर बदल ले सकता, तो मुझे कितना हर्ष होता! सारा विश्व लहर और गर्त के समान है, ऐसी कोई लहर नहीं, जिसके साथ गर्त न हो।

संतुलन सब जगह विद्यमान है। यदि तुम्हारे पास एक वस्तु बड़ी है, तो तुम्हारे पड़ोसी के पास दूसरी। पुरुष या स्त्री की समीक्षा करते समय उनकी विशिष्टताओं के मानदंड से निर्णय करो। प्रत्येक का कार्यक्षेत्र अलग है। किसी को भी 'वह दुष्ट है' ऐसा कहने का अधिकार नहीं। यह तो वही प्राचीन अंधविश्वास हुआ, जो कहता है- "यदि तुम ऐसा करोगे, तो संसार नष्ट हो जाएगा।" यह तो चलता ही आ रहा है और फिर संसार आज तक नष्ट नहीं हुआ। इस देश में ऐसा कहा जाता था कि यदि हब्शी मुक्त कर दिए जाएँ, तो यह सारा देश रसातल को पहुँच जाएगा। लेकिन क्या ऐसा हुआ? लोग यह भी कहते थे कि यदि साधारण जनता में शिक्षा का प्रसार होगा, तो संसार का नाश हो जाएगा। किंतु इस शिक्षा-प्रसार से तो उन्नति ही हुई। कई वर्ष पहले एक पुस्तक छपी थी, जिसमें यह बताया गया था कि इंग्लैंड का सर्वाधिक बुरा क्या हो सकता है। लेखक ने यह दर्शाया था कि मजदूरी बढ़ती जा रही है और इस कारण इंग्लैंड का व्यापार घटता जा रहा है। यह आवाज उठायी गई थी कि अंग्रेज मजदूर बहुत मजदूरी माँगते हैं, जबकि जर्मन मजदूर बहुत कम वेतन पर काम करते हैं। इस बात की जाँच के लिए एक समिति जर्मनी भेजी गई

और उसने आकर यह बताया कि जर्मनी के मजदूर तो अधिक वेतन पाते हैं। ऐसा क्यों हुआ? जन-सामान्य में शिक्षा के प्रसार के कारण। साधारण जनता के पढ़ी-लिखी होने से संसार नष्ट होने वाला था न? लेकिन ऐसा हुआ तो नहीं। विशेष रूप से भारत में, हमें समस्त देश में ऐसे पुराने सठियाए बूढ़े मिलते हैं, जो सब कुछ साधारण जनता से गुप्त रखना चाहते हैं। इसी कल्पना में वे अपना बड़ा समाधान कर लेते हैं कि वे समस्त विश्व में सर्वश्रेष्ठ हैं। वे समझते हैं कि ये भयावह प्रयोग उनको हानि नहीं पहुँचा सकते। केवल साधारण जनता को ही उनसे हानि पहुँचेगी!

अच्छा, अब हम क्रियात्मक साधना की ओर आएँ। व्यावहारिक जीवन में मनोविज्ञान के उपयोग की ओर भारत ने काफी प्राचीन काल से ध्यान दिया है। ईसा के लगभग 1400 वर्ष पहले भारत में एक बहुत बड़े तत्वज्ञ हो गए, जिनका नाम पतंजलि था। उन्होंने मनोविज्ञान के समस्त तथ्य, प्रमाण तथा आविष्कृत सिद्धांत संकलित किए और पूर्वकालीन सभी अनुभवों से लाभ उठाया। यह नहीं भूलना चाहिए कि दुनिया बहुत पुरानी है। ऐसा न समझो कि यह केवल दो-तीन हजार वर्ष पहले ही रची गई है। इधर पाश्चात्यों को यह सिखाया जाता है कि समाज का आरंभ 1800 वर्ष पहले 'नव व्यवस्थान' के साथ ही हुआ, इसके पहले समाज नहीं था। संभवतः यह बात पश्चिम के बारे में सत्य हो, लेकिन समस्त विश्व के लिए यह सत्य नहीं हो सकती। जब मैं लंदन में भाषण देता था, तब एक बुद्धिमान और बौद्धिक मित्र मुझसे वाद-विवाद करता था। एक दिन अपने सारे शस्त्र चला चुकने के बाद वह एकदम बोल उठा- "लेकिन यह तो बताओ कि तुम्हारे ऋषि इस इंग्लैंड में हमें ज्ञान देने क्यों नहीं आए?" मैंने उत्तर दिया, "तब इंग्लैंड था ही कहाँ, जो ज्ञान देने आते? क्या वे जंगलों को सिखाते?"

इंगरसोल ने मुझसे कहा था, "अगर तुम पचास वर्ष पहले यहाँ ज्ञान सिखाने आते, तो या तो तुम्हें फाँसी पर चढ़ा दिया जाता या जिंदा जला दिया जाता अथवा पत्थर मार-मारकर तुम्हें गाँवों से बाहर निकाल दिया जाता।"

अतः यह मानने में कोई असंगति नहीं है कि सभ्यता ईसा के 1400 वर्ष पहले भी विद्यमान थी। यह बात अभी तक निश्चित नहीं हुई है कि सभ्यता की गति सदैव नीचे से ऊपर की ओर ही हुई है। यह सिद्धांत प्रस्थापित करने के लिए जो आधार तथा प्रमाण प्रस्तुत किए गए हैं, उनसे यह भी सिद्ध किया जा सकता है कि आज का जंगली समाज एक समय के उन्नत समाज का अधःपतित रूप है। चीन के लोगों का ही उदाहरण लीजिए। उनका कभी इस बात पर विश्वास ही नहीं हो सकता कि संस्कृति का उदय जंगली स्तर से हुआ है। उनका अनुभव इसके बिलकुल विपरीत है। परंतु जब तुम अमेरिका की सभ्यता के विषय में बात करते हो, तो तुम्हारी दृष्टि से उसका अर्थ केवल स्वजाति का चिरजीवत्व तथा उसका निरंतर विकास होता है।

यह आसानी से विश्वास किया जा सकता है कि जिन हिंदुओं का आज 700 वर्षों से पतन हो रहा है, वे एक समय निश्चय ही विशेष सुसंस्कृत रहे होंगे। इसके विपरीत प्रमाण हम उपस्थित कर ही नहीं सकते।

ऐसा एक भी उदाहरण नहीं है, जहाँ सभ्यता आप ही आप उत्पन्न हो गई हो। ऐसा कभी नहीं हुआ कि किसी दूसरी सभ्य जाति के संपर्क में आए बिना कोई जाति उन्नत हो गई हो। सभ्यता का उदय पहले एक या दो जातियों में हुआ होगा और फिर ये जातियाँ दूसरी जातियों से मिलीं; उन्होंने अपने विचार फैलाए और इस प्रकार सभ्यता का विस्तार हुआ।

व्यावहारिकता की दृष्टि से आधुनिक वैज्ञानिक भाषा में ही हमें चर्चा करनी चाहिए; किंतु मुझे तुमको सचेत कर देना चाहिए कि जिस तरह धर्म के विषय में अंधविश्वास है, उसी तरह वैज्ञानिक विषयों में भी है। धार्मिक कार्य को अपना वैशिष्ट्य मानने वाले पुरोहितों के समान भौतिक विज्ञान के भी पुरोहित होते हैं,

जो वैज्ञानिक कहलाते हैं। जैसे ही डार्विन या हक्सले जैसे वैज्ञानिक का नाम लिया जाता है, वैसे ही हम आँख बंद कर उनका अनुकरण करने लगते हैं।

यह तो आजकल का एक फैशन हो गया है। जिसे हम वैज्ञानिक ज्ञान कहते हैं, उसका नब्बे प्रतिशत मात्र परिकल्पना ही होता है। और इसमें से बहुत-सा तो अनेक हाथ और सिर वाले भूतों में अंधविश्वास के समान ही होता है। अंतर मात्र इतना है कि इस दूसरी परिकल्पना में मनुष्य को पत्थरों अथवा डंठलों से कुछ अलग माना जाता है। सच्चा विज्ञान हमें सावधान रहना सिखाता है। जिस प्रकार पुरोहितों से हमें सावधान रहना चाहिए, उसी प्रकार वैज्ञानिकों से भी। पहले अविश्वास से शुरू करो। छानबीन करो, परीक्षा करो और प्रत्येक वस्तु का प्रमाण माँगने के उपरांत उसे स्वीकार करो। आजकल के विज्ञान के बहुत से प्रचलित सिद्धांत, जिनमें हम विश्वास करते हैं, सिद्ध नहीं हुए हैं। गणित जैसे शास्त्र में भी बहुत से सिद्धांत ऐसे हैं, जो मात्र कामचलाऊ परिकल्पना के समान ही हैं। जब ज्ञान की वृद्धि होगी, तो ये फेंक दिए जाएँगे।

ईसा के 1400 वर्ष पहले एक बड़े महात्मा ने मनोविज्ञान के कुछ सत्यों की व्यवस्थित रचना तथा विश्लेषण कर उनसे व्यापक सिद्धांत निकालने का प्रयास किया था। उनके बाद उनके अनेक अनुयायी आएँ, जिन्होंने उनके आविष्कृत ज्ञान के अंशों को लेकर उनका विशेष रूप से अध्ययन शुरू किया। प्राचीन जातियों में केवल हिंदुओं ने ही ज्ञान के इस विभाग का अध्ययन पूरी लगन से किया है। मैं अब तुम्हें उसी की शिक्षा दूँगा, लेकिन सवाल यह है कि तुममें से कितने उस पर चलेंगे? कितने दिन या कितने महीनों के बाद तुम उसे छोड़ दोगे? मैं जानता हूँ कि इस संबंध में तुम लोग कर्मकुशल नहीं हो। भारत में लोग युगों तक धैर्यपूर्वक प्रयास करते रहते हैं। तुम्हें सुनकर आश्चर्य होगा कि न तो उनका कोई गिरजाघर है और न कोई सामुदायिक प्रार्थना। वहाँ इस प्रकार के अन्य कोई साधन नहीं हैं; लेकिन फिर भी वे प्रतिदिन प्राणायाम का अभ्यास करते हैं तथा मन को एकाग्र करने का प्रयास करते हैं। उनकी उपासना का प्रमुख अंश यही है। वास्तव में यह तो उस देश का धर्म ही है। हाँ, उनमें

से प्रत्येक की, प्राणायाम तथा मन को एकाग्र करने की कोई विशेष विधि हो सकती है, किंतु यह आवश्यक नहीं कि किसी व्यक्ति की स्त्री भी उसकी वह विशेष पद्धति जाने, या बाप लड़के का विशेष तरीका जाने। हिंदुओं को ये अभ्यास करने ही पड़ते हैं। इन अभ्यासों में कोई 'गुह्य' नहीं है। 'गुह्य' शब्द इन पर लागू नहीं होता। प्रतिदिन हजारों व्यक्ति गंगा के किनारे आँखें मूंदकर ध्यान लगाए हुए प्राणायाम का अभ्यास करते हुए दिखाई देते हैं। सामान्य जनता किसी-किसी प्रक्रिया को आचरण में नहीं ला सकती, इसके दो कारण हो सकते हैं- पहला तो यह कि आचार्यों के मत से जनसामान्य इस अभ्यास के योग्य नहीं होते। इस मत में कुछ सत्य का अंश हो सकता है, लेकिन अधिक सच्चा कारण है गर्व। दूसरा कारण है अत्याचार का भय। उदाहरण के लिए तुम्हारे देश में सबके सामने प्राणायाम करना कोई पसंद न करेगा, क्योंकि लोग उस व्यक्ति के बारे में शायद सोचने लगें कि कैसा विचित्र प्राणी है यह! कारण, इस देश का रिवाज ऐसा नहीं है। इसके विपरीत, भारत में यदि कोई ऐसी प्रार्थना करे, "हे प्रभु, आज के दिन हमें हमारी हर रोज की रोटी दो," तो लोग उस पर हँसेंगे। "हे पिता, जो तू स्वर्ग में रहता है," इसके समान दूसरी मूर्खता की कल्पना तो हिंदुओं की नजर में हो ही नहीं सकती। जब हिंदू उपासना करता है, तो समझता है कि ईश्वर अपने हृदय में विराजमान है।

योगियों के मतानुसार मुख्यतः तीन नाड़ियाँ हैं- 'इड़ा', 'पिंगला' और बीच में 'सुषुम्ना'। ये तीनों मेरुदंड में स्थित हैं। इड़ा और पिंगला दाहिनी और बाईं नाड़ी तंतुओं के गुच्छ हैं। किंतु सुषुम्ना उनका गुच्छ नहीं है, वह पोली है। सुषुम्ना बंद रहती है और सामान्य व्यक्ति के लिए इसका कोई उपयोग नहीं होता। वह इड़ा और पिंगला से ही अपना काम लिया करता है। इन्हीं नाड़ियों द्वारा संवेदना का प्रवाह निरंतर आता-जाता रहता है और वे सारे शरीर में फैले हुए नाड़ीय सूत्रों द्वारा शरीर की अलग-अलग इंद्रियों तक आदेश पहुँचाती रहती हैं।

इड़ा और पिंगला का व्यवहार नियमित करना और उनमें लय उत्पन्न करना प्राणायाम का प्रधान उद्देश्य है। लेकिन यह कोई बड़ी बात नहीं है। यह तो केवल अपने फेफड़ों में काफी हवा लेना है, रक्त साफ करने के अलावा इसका और कोई विशेष उपयोग नहीं। श्वासोच्छ्वास द्वारा हवा फेफड़ों में खींचना और उसके द्वारा खून साफ करना, इसमें कुछ गुह्य नहीं है; यह तो गति मात्र है। इस गति को ऐकिक गति में विकसित किया जा सकता है, जिसे प्राण कहा जाता है। विश्व में सर्वत्र दिखाई देने वाली सभी क्रियाएँ इस प्राण की विभिन्न अभिव्यक्तियाँ हैं। वह प्राण विद्युत् शक्ति है, चुंबक शक्ति है, मस्तिष्क के माध्यम से वह विचार के रूप में बहिर्गत होती है। सभी वस्तुएँ प्राण ही हैं और यह प्राण ही सूर्य, चंद्र, तारे आदि को चला रहा है। हम कहते हैं कि इस विश्व में जो कुछ विद्यमान है, वह सब प्राण के स्पंदन से ही उत्पन्न हुआ है। प्राण के सर्वोच्च स्पंदनों का कार्य है 'विचार'। इससे उच्च यदि कुछ है, तो वह हमारी कल्पनाशक्ति के बाहर है। इस प्राण द्वारा इड़ा और पिंगला का कार्य होता है। विभिन्न शक्तियों का रूप लेकर शरीर के प्रत्येक भाग को प्राण ही चलाता है। यह पुरानी कल्पना त्याग दो कि ईश्वर नाम की कोई वस्तु है, जो कार्य या फल उत्पन्न करता है और जो सिंहासन पर बैठकर न्याय कर रहा है। कार्य करते समय हम थक जाते हैं, क्योंकि उसमें उतने प्राण का क्षय हो जाता है।

प्राणायाम नामक श्वासोच्छ्वास का व्यायाम श्वास को नियमित करता और प्राण की क्रिया को लयात्मक बनाता है। जब प्राण की गति लयात्मक होती है, तब सभी कार्य ठीक-ठीक होते हैं। जब योगियों का शरीर उनके वश में हो जाता है, तब अगर शरीर के किसी अंग में रोग उत्पन्न होता है, तो वे जान लेते हैं कि उस अंग में प्राण की गति लयात्मक नहीं हो रही है और फिर वे प्राण को उस विकृत अंग की ओर प्रेरित करते हैं, जिससे लय पुनः नियमित हो जाती है।

जिस प्रकार तुम अपने शरीरस्थ प्राण को नियंत्रित कर सकते हो, उसी प्रकार यदि तुम काफी शक्तिमान हो, तो यहाँ से ही भारत के किसी व्यक्ति के प्राण का भी नियंत्रण कर सकते हो। प्राण विभक्त नहीं है। एकत्व ही उसका धर्म है। भौतिक, दैविक, आध्यात्मिक, मानसिक, नैतिक और तात्विक, सभी दृष्टियों से सब एक ही है। जीवन तो मात्र एक स्पंदन है। आकाश के सागर को जो स्पंदित करता है, वही तुमको भी स्पंदित करता है। जिस प्रकार सरोवर में बर्फ के विभिन्न घनत्व के अलग-अलग स्तर होते हैं, या जैसे वाष्प के सागर में घनत्व के विविध परिमाण होते हैं, उसी प्रकार यह विश्वब्रह्मांड भी जड़ द्रव्य का समुद्र है। यह सागर आकाश का है, जिसमें हमें सूर्य, चंद्र, तारे और हम स्वयं, विविध घनत्व की वस्तुएँ मिलती हैं, परंतु सातत्य खंडित नहीं होता, वह सर्वत्र एकरस है।

जब हम दर्शनशास्त्र का अध्ययन करते हैं, तब हमें यह ज्ञान होता है कि समस्त विश्व एक है। आध्यात्मिक, भौतिक, मानसिक तथा ऊर्जा जगत, ये अलग-अलग नहीं है। विश्व एक है, अलग-अलग दृष्टिकोणों से देखे जाने के कारण विभिन्न प्रतीत होता है। 'मैं शरीर हूँ' इस भावना से जब तुम अपनी ओर देखते हो, तो 'मैं मन भी हूँ,' यह भूल जाते हो और जब तुम अपने को मनोरूप देखने लगते हो, तो तुम्हें अपने शरीर की विस्मृति हो जाती है। विद्यमान वस्तु मात्र एक है और वह तुम हो। वह तुम्हें या तो जड़ या शरीर के रूप में अथवा मन या आत्मा के रूप में दिख सकती है। जन्म, जीवन, मरण, ये सब भ्रम हैं। न कोई कभी मरता है और न कोई कभी जन्म लेता है, मनुष्य केवल एक स्थिति से दूसरी स्थिति में चला जाता है। पाश्चात्यों को मृत्यु से इतना डरते देख मुझे दुःख होता है, वे मानो जीवन को पकड़ रखने की निरंतर चेष्टा करते रहते हैं। वे कहते हैं- "मृत्यु के बाद हमें जीवन दो! हमें मरणोत्तर जीवन दो!" अगर कोई आए और उन्हें बताए कि मृत्यु के बाद भी वे उपस्थित रहेंगे, तो वे कितने आनंदित होते हैं। वास्तव में व्यक्ति के अमरत्व में अविश्वास ही किस तरह कर सकता हूँ! मैं मृत

हूँ, यह कल्पना ही मैं किस प्रकार कर सकता हूँ। तुम अगर अपने को मरा सोचने का प्रयास करो, तो देखोगे कि तुम अपने मृत शरीर को देखने के लिए वर्तमान हो ही। जीवन का अस्तित्व एक ऐसा आश्चर्यजनक सत्य है कि तुम एक क्षण भी उसका विस्मरण नहीं कर सकते। तब तो तुम अपने अस्तित्व में भी संदेह कर सकते हो। 'मैं हूँ' यह ज्ञान ही चैतन्य का आदि तथ्य है। जिसका कभी अस्तित्व ही नहीं था, उसकी कल्पना भला कौन कर सकता है। सभी सत्यों में यह सबसे अधिक स्वयंसिद्ध सत्य है। अतः अमरत्व की भावना मनुष्य में स्वाभाविक रूप से विद्यमान रहती है। अकल्पनीय विषय पर कोई विवाद ही नहीं कर सकता। और इसी कारण इस स्वयंसिद्ध विषय पर किसी विवाद की जरूरत नहीं है।

हम किसी भी दृष्टि से देखें, हमें प्रतीत होगा कि यह समस्त संसार एक इकाई है। अभी हमें यह समग्र विश्व प्राण तथा आकाश अर्थात् शक्ति और जड़ का बना हुआ प्रतीत होता है। और तुम लोग ध्यान रखो कि अन्य मूलभूत सिद्धांतों के समक्ष यह सिद्धांत भी स्वविरोधी है। शक्ति क्या है? शक्ति वह है, जो जड़ को गति देती है। और जड़ क्या है? जड़ वह है, जो शक्ति के माध्यम से गतिशील होता है। यह तो गोल-मोल बात हुई! हमें अपने ज्ञान तथा विज्ञान का गर्व होते हुए भी हमारे कोई-कोई मौलिक तर्कसिद्धांत बड़े विचित्र होते हैं। संस्कृत की एक कहावत के अनुसार यह तो 'बेसिर के सिर-दर्द' जैसा हुआ। इस वस्तुस्थिति का नाम है 'माया'। न तो वह विद्यमान है और न अविद्यमान ही। तुम उसे विद्यमान नहीं कह सकते, क्योंकि मात्र वही वस्तु विद्यमान कहलाती है, जो देश-काल से परे हो और जिसके अस्तित्व के लिए किसी दूसरे की आवश्यकता न हो। फिर भी यह विश्व आंशिक रूप में हमारी अस्तित्व की धारणा की पूर्ति करता है। इसलिए उसका प्रतीयमान अस्तित्व है।

किंतु इस समस्त विश्व में एक सत् वस्तु ओतप्रोत है; और वह देश, काल तथा कार्य-कारण के जाल में मानो फँसी हुई है। व्यक्ति का सच्चा स्वरूप वह है,

जो अनादि, अनंत, आनंदमय तथा नित्य मुक्त है; वही देश, काल और परिणाम के चक्कर में फँसा है। यही प्रत्येक वस्तु के विषय में भी सत्य है। प्रत्येक वस्तु का परमार्थस्वरूप वही अनंत है। यह विज्ञानवाद अर्थात् प्रत्ययवाद नहीं है, इसका अर्थ यह नहीं कि संसार का अस्तित्व ही नहीं है। इसका अस्तित्व सापेक्ष है और सापेक्षता के सब लक्षण इसमें विद्यमान हैं। परंतु इसकी स्वयं की कोई स्वतंत्र सत्ता नहीं है। यह इसलिए विद्यमान है कि इसके पीछे देश-काल-निमित्त से अतीत निरपेक्ष अद्वितीय सत्ता मौजूद है।

खैर, यह विषयांतर हो गया है। आओ, अब हम पुनः अपने मुख्य विषय की ओर आएँ। सारी कियाएँ, चाहे वे सहज हों अथवा ऐच्छिक, नाड़ियों के माध्यम से प्राण के ही कार्य हैं। इससे तुम्हें अब ज्ञात होगा कि अपनी सहज क्रियाओं पर नियंत्रण रखना एक बहुत अच्छी बात होगी।

एक दूसरे अवसर पर मैंने तुम्हें मानव और ईश्वर की परिभाषा बताई थी। मानव एक असीम वृत्त है, जिसकी परिधि कहीं भी नहीं है, किंतु जिसका केंद्र एक स्थान में निश्चित है और ईश्वर एक ऐसा असीम वृत्त है, जिसकी परिधि कहीं भी नहीं है, किंतु जिसका केंद्र सर्वत्र है। वह सब हाथों द्वारा काम करता है, सब आँखों द्वारा देखता है, सब पैरों द्वारा चलता है, सब शरीरों द्वारा श्वास लेता है, सब जीवों में वास करता है, सब मुखों द्वारा बोलता है और सब मस्तिष्क द्वारा विचार करता है। अगर मानव अपनी आत्मचेतना को अनंत गुनी कर ले, तो वह ईश्वररूप बन सकता है और समस्त संसार पर अपना अधिकार चला सकता है। इसलिए चैतन्य का ज्ञान परम आवश्यक है। मान लो, अँधेरे में एक अनंत रेखा है। हम वह रेखा देख नहीं सकते, परंतु उस रेखा पर एक तेजोमय बिंदु है, जो गतिमान है। इस रेखा पर चलते हुए जैसे-जैसे वह बिंदु आगे बढ़ता है, वैसे-वैसे वह विभिन्न भागों पर क्रमशः प्रकाश डालता जाता है और जो हिस्से पीछे होते जाते हैं, वे फिर अँधेरे में डूब जाते हैं। हमारी चैतन्य अवस्था को भी ठीक

इस प्रकाशमान बिंदु की उपमा दी जा सकती है। इस चेतना की अवस्था के विगत अनुभवों का स्थान वर्तमान अनुभव ने ले लिया है अथवा यह कहो कि ये गत अनुभव अवचेतन-स्तर में जा चुके हैं। इनके अस्तित्व का हमें बोध नहीं होता, किंतु फिर भी ये विद्यमान हैं और हमारे मन तथा शरीर को अज्ञात रूप से प्रभावित करते जा रहे हैं। आज जो-जो कार्य बिना चेतना की मदद के होते दिखाई दे रहे हैं, वे सब पहले चेतनायुक्त थे। अब उनमें इतनी गति आ गई है कि वे स्वयं ही कार्य कर सकते हैं।

सभी नीतिशास्त्रों का अनपवाद रूप से एक बड़ा दोष यह है कि उन्होंने उन साधनों का कभी उपदेश नहीं दिया, जिनके द्वारा व्यक्ति बुरा करने से अपने को रोक सके। सभी नीतिशास्त्र कहते हैं कि 'चोरी मत करो।' ठीक है; परंतु व्यक्ति चोरी करता ही क्यों है? कारण यह है कि चोरी, डाका, दुर्व्यवहार आदि कुकर्म यांत्रिक सहज क्रियाएँ बन बैठे हैं। डाका डालने वाले, चोर, झूठे तथा अन्यायी स्त्री-पुरुष- ये ऐसे इसलिए हो गए हैं कि अन्यथा होना उनके वश में नहीं। सचमुच यह मनोविज्ञान के लिए एक बड़ी विकट समस्या है। व्यक्ति की ओर हमें बड़ी उदारता की दृष्टि से देखना चाहिए। अच्छा बनना इतनी सरल बात नहीं है। जब तक तुम मुक्त नहीं होते, तब तक एक यंत्र के अतिरिक्त तुम और क्या हो? क्या तुम्हें इस बात पर अभिमान होना चाहिए कि तुम अच्छे व्यक्ति हो? बिलकुल नहीं। तुम इसलिए अच्छे हो कि तुम अन्यथा नहीं हो सकते। दूसरा व्यक्ति इस कारण बुरा है कि अन्यथा होना उसके बस की बात नहीं। यदि तुम उसकी जगह होते, तो कौन जानता है कि तुम क्या होते। एक वेश्या या जेलबंद चोर मानो ईसा मसीह है, जो इस कारण सूली पर चढ़ाया गया है कि तुम अच्छे बनो। प्रकृति में इसी प्रकार साम्यावस्था रहती है। सब चोर और खूनी, सब अन्यायी और पतित, सब बदमाश और राक्षस मेरे लिए ईसा मसीह हैं! देवरूपी ईसा तथा दानवरूपी ईसा, दोनों ही मेरे लिए आराधना के योग्य हैं। यही मेरा धर्म है, इससे अन्यथा मेरे

बस की बात नहीं। अच्छे और साधु पुरुषों को मेरा प्रणाम! बदमाश और शैतानों को भी मेरा प्रणाम! वे सभी मेरे गुरु हैं, मेरे धर्म का उपदेश देने वाले आचार्य हैं, मेरे त्राता हैं। मैं चाहे किसी एक को शाप दूँ, परंतु संभव है, फिर उसी के दोषों से मेरा लाभ भी हो; दूसरे को मैं आशीर्वाद दूँ और उसके शुभ कर्मों से मेरा हित हो। यह सूर्य-प्रकाश के समान सच है। दुराचारी स्त्री को मुझे इसलिए दुत्कारना पड़ता है कि समाज वैसा चाहता है। आह, वह! वह मेरी तारिणी, जिसकी वेश्या-वृत्ति के कारण दूसरी स्त्रियों का सतीत्व सुरक्षित रहा, इसका विचार तो करो! भाइयो और बहनो, इस प्रश्न को जरा अपने मन में सोचो। यह सच है बिलकुल सच है। मैं जितनी ही अधिक दुनिया देखता हूँ, जितना ही अधिक स्त्री-पुरुषों के संपर्क में आता हूँ, उतनी ही मेरी यह धारणा दृढ़तर होती जाती है। मैं किसे दोष दूँ? मैं किसकी प्रशंसा करूँ? हमें वस्तुस्थिति का सभी पक्षों से विचार करना चाहिए।

हमारे समक्ष बहुत बड़ा कार्य है और इसमें सर्वप्रथम तथा सबसे महत्त्व का काम है, अपने सहस्रों सुप्त संस्कारों पर अधिकार चलाना, जो अनैच्छिक सहज क्रियाओं में बदल गए हैं। यह बात सच है कि असत्कर्म-समूह व्यक्ति के जाग्रत क्षेत्र में रहता है, लेकिन जिन कारणों ने इन बुरे कामों को जन्म दिया, वे इसके पीछे प्रसुप्त और अदृश्य जगत के हैं और इस कारण अधिक प्रभावशाली हैं।

व्यावहारिक मनोविज्ञान पहले हमें यह सिखाता है कि हम अपने अचेतन मन का नियंत्रण किस प्रकार कर सकते हैं। हम जानते हैं कि हम ऐसा कर सकते हैं। क्यों? इसलिए कि हम जानते हैं, चेतन मन ही अचेतन का कारण है। हमारे जो लाखों पुराने चेतन विचार और चेतन कार्य थे, वे ही घनीभूत होकर प्रसुप्त हो जाने पर हमारे अचेतन विचार बन जाते हैं। हमारा उधर ध्यान ही नहीं जाता, हमें उनका ज्ञान नहीं होता, हम उन्हें भूल जाते हैं। किंतु देखो, अगर प्रसुप्त अज्ञात संस्कारों में बुरा करने की शक्ति है, तो उनमें अच्छा करने की भी शक्ति है। हमारे भीतर विविध प्रकार के संस्कार भरे पड़े हैं, मानो एक

जेब में बहुत-सी चीजें बँधी हुई हैं। उन्हें हम भूल गए हैं, हम उनका विचार तक नहीं करते। उनमें से बहुत से तो वहीं पड़े सड़ते रहते हैं और वास्तव में भयावह बनते जाते हैं। वे ही प्रसुप्त कारण एक दिन मन के ज्ञानयुक्त क्षेत्र पर आ उठते हैं और मानवता का नाश कर देते हैं। इसलिए सच्चा मनोविज्ञान उनको चेतन मन के अधीन लाने का प्रयास करेगा। अतएव महत्त्वपूर्ण बात है, पूरे मनुष्य को पुनरुज्जीवित जैसा कर देना, जिससे कि वह अपना पूर्ण स्वामी बन जाए। शरीर के अंतर्गत यकृत आदि इंद्रियों की स्वतःप्रवृत्त क्रियाओं को भी हम अपनी आज्ञापालक बना सकते हैं।

अचेतन को अपने अधिकार में लाना हमारी साधना का पहला हिस्सा है। दूसरा है चेतन के परे जाना। जिस प्रकार अचेतन चेतन के नीचे, उसके पीछे रहकर कार्य करता रहता है, उसी प्रकार चेतन के ऊपर, उसके अतीत भी एक अवस्था है। जब मनुष्य इस अतिचेतन अवस्था को पहुँच जाता है, तब वह मुक्त हो जाता है, ईश्वरत्व को प्राप्त हो जाता है। तब मृत्यु अमरत्व में परिवर्तित हो जाती है, दुर्बलता असीम शक्ति बन जाती है और अज्ञान की लौहश्रृंखलाएँ मुक्ति बन जाती हैं। अतिचेतन का यह असीमित राज्य ही हमारा एकमात्र लक्ष्य है।

अतएव यह स्पष्ट है कि हमें दो कार्य अवश्य ही करने होंगे- एक तो यह कि इड़ा और पिंगला के प्रवाहों का नियमन कर अचेतन कार्यों को नियमित करना और दूसरा, इसके साथ ही साथ चेतन के भी परे चले जाना।

ग्रंथों में कहा है कि योगी वही है, जिसने लंबे समय तक चित्त की एकाग्रता का अभ्यास करके इस सत्य की उपलब्धि कर ली है। अब सुषुम्ना का द्वार खुल जाता है और इस मार्ग में वह प्रवाह प्रवेश करता है, जो इसके पहले उसमें कभी नहीं गया था, वह जैसा कि आलंकारिक भाषा में कहा है कि धीरे-धीरे विभिन्न कमल-चक्रों में से होता हुआ, कमल-दलों को खिलाता हुआ अंततः मस्तिष्क

तक पहुँच जाता है। तब योगी को अपने सत्यस्वरूप का ज्ञान हो जाता है, वह जान लेता है कि वह स्वयं ईश्वर ही है।

हममें से प्रत्येक व्यक्ति बगैर किसी अपवाद के योग की इस अंतिम स्थिति को प्राप्त कर सकता है। किंतु यह बहुत कठिन कार्य है। यदि व्यक्ति को इस सत्य का अनुभव करना हो तो उसे केवल वक्तृता सुनने और श्वासोच्छ्वास की थोड़ी-सी क्रियाओं का अभ्यास करने के अलावा कुछ और विशेष साधनाएँ भी करनी होंगी। महत्त्व तैयारी का ही है। दीपक जलाने में कितनी देर लगती है? मात्र एक सेकंड। परंतु उस मोमबत्ती को बनाने में कितना समय लग जाता है। खाना खाने में कितनी देर लगती है? शायद आधा घंटा। किंतु वहीं खाना पकाने के लिए कितने घंटे लग जाते हैं! हम चाहते हैं कि दीप एक क्षण में जल उठे, परंतु हम यह भूल जाते हैं कि मोमबत्ती बनाना ही तो मुख्य है।

इस प्रकार यद्यपि ध्येय-प्राप्ति बहुत कठिन है, फिर भी हमारे द्वारा किया गया लघुतम प्रयास भी व्यर्थ नहीं जाता। हम जानते हैं कि कोई भी वस्तु नष्ट नहीं होती। गीता के छठे अध्याय के 37वें तथा 38वें श्लोक में अर्जुन ने कृष्ण से प्रश्न किया है कि वे मनुष्य, जिनकी योग-साधना इस जन्म में सिद्ध नहीं हुई, किस स्थिति को प्राप्त होते हैं? क्या वे ग्रीष्मकाल के मेघों की तरह नष्ट-भ्रष्ट हो जाते हैं? तब 40 वें श्लोक में कृष्ण उत्तर देते हैं- "हे मित्र, कोई भी वस्तु नष्ट नहीं होती। जो कुछ मनुष्य करता है, वह उसका अपना हो जाता है। और यदि योग की सिद्धि इस जन्म में न हुई, तो दूसरे जन्म में मनुष्य फिर वह अभ्यास आरंभ कर देता है।" अगर ऐसा न हो तो ईसा मसीह, बुद्ध अथवा शंकराचार्य की अलौकिक बाल्यावस्था की व्याख्या तुम कैसे करोगे?

आसन, प्राणायाम इत्यादि योग के सहायक हैं जरूर, लेकिन वे केवल शारीरिक क्रियाएँ मात्र हैं। प्रमुख तैयारी तो मन की है। सर्वप्रथम यह आवश्यक है कि हमारा जीवन शांतिपूर्ण तथा समाधानयुक्त हो।

अगर तुम योगी बनना चाहते हो, तो तुम्हें स्वतंत्र होना होगा और अपने को ऐसे वातावरण में रखना होगा, जहाँ तुम एकाकी और सभी चिंताओं से मुक्त होकर रह सको। विवेकचूड़ामणि (84) में कहा गया है- शरीरपोषणार्थी सन् य आत्मानं दिदृक्षति, ग्राहं दारुधिया धृत्वा नदीं तर्तुं स गच्छति॥ अर्थात् जो भोग-विलासपूर्ण जीवन की इच्छा रखते हुए आत्मानुभूति की चाह रखता है, वह उस मूर्ख के समान है, जिसने नदी पार करने के लिए एक मगर को लकड़ी का लट्ठा समझकर पकड़ लिया।

पहले भगवत् राज्य को प्राप्त कर लो, शेष सब कुछ तुम्हें स्वयं ही मिल जाएगा। यही एक महान कर्तव्य है, यही त्याग है। एक आदर्श के लिए जीवित रहो और मन में कोई दूसरे विचार आने ही न दो। आओ, हम अपनी सब शक्तियाँ उस आध्यात्मिक पूर्णता की ओर लगाएँ, जिसका कभी क्षय नहीं होता। यदि हमें आत्मबोध की सच्ची लगन है, तो हमें साधना करनी चाहिए और उसी के द्वारा हमारी उन्नति होगी। हमसे गलतियाँ होंगी ही, परंतु वे हमारे लिए अज्ञात वरदानस्वरूप हो सकती हैं।

आध्यात्मिक जीवन का सबसे बड़ा सहायक 'ध्यान' है। ध्यान के माध्यम से हम अपनी भौतिक भावनाओं से स्वयं को स्वतंत्र कर लेते हैं और अपने ईश्वरीय स्वरूप का अनुभव करने लगते हैं। ध्यान करते समय हमें कोई बाहरी साधनों पर अवलंबित नहीं रहना पड़ता। गहरे अँधेरे स्थान को भी आत्मा की ज्योति दिव्य प्रकाश से भर देती है, बुरी से बुरी वस्तु में भी वह अपना सौरभ पैदा कर सकती है, वह अत्यंत दुष्ट व्यक्ति को भी देवता बना देती है और सभी स्वार्थी भावनाएँ, संपूर्ण शत्रुभाव नष्ट हो जाते हैं। शरीर का जितना कम ध्यान हो, उतना ही अच्छा, क्योंकि यह शरीर ही है, जो हमें नीचे गिराता है। इस शरीर से आसक्ति और उससे तादात्म्य ही हमारे दुःखों का मूल कारण है। 'मैं आत्मा हूँ, मैं शरीर नहीं हूँ, यह विश्व और उसके सारे संबंध, उसकी भलाई और उसकी बुराई, यह सब एक चित्रावली-चित्रपट पर खिंचे हुए विभिन्न दृश्य हैं और मैं उनका साक्षी हूँ' यह निदिध्यासन ही धार्मिक जीवन का रहस्य है।

4
सूक्तियाँ एवं सुभाषित

1. मनुष्य प्रकृति पर विजय प्राप्त करने हेतु जन्मा है, उसका अनुसरण करने के लिए नहीं।
2. जब तुम अपने आपको शरीर समझते हो, तुम विश्व से अलग हो; जब तुम अपने आपको जीव समझते हो, तब तुम अनंत अग्नि के एक स्फुलिंग हो; जब तुम अपने आपको आत्मस्वरूप मानते हो, तभी तुम विश्व हो।
3. संकल्प स्वतंत्र नहीं होता, वह भी कार्य कारण से बँधा एक तत्व है, परंतु संकल्प के पीछे कुछ है, जो स्वतंत्र है।
4. शक्ति 'शिवता' में है, 'पवित्रता' में है।
5. विश्व है ईश्वर का व्यक्त रूप।
6. जब तक तुम स्वयं अपने में विश्वास नहीं करते, ईश्वर में तुम विश्वास नहीं कर सकते।

7. अशुभ की जड़ इस भ्रम में है कि हम शरीर मात्र हैं। अगर कोई मौलिक या आदि पाप है, तो वह यही है।

8. एक पक्ष कहता है विचार जड़ वस्तु से उत्पन्न होता है; दूसरा पक्ष कहता है, जड़ वस्तु विचार से। दोनों कथन गलत हैं- जड़ वस्तु और विचार, दोनों का सह-अस्तित्व है। वह कोई तीसरी ही वस्तु है, जिससे विचार और जड़ वस्तु दोनों उत्पन्न होते हैं।

9. जिस प्रकार देश में जड़ वस्तु के कण संयुक्त होते हैं; उसी प्रकार काल में मन की तरंगें संयुक्त होती हैं।

10. ईश्वर की परिभाषा करना चर्वितचर्वण है; क्योंकि एकमात्र परम अस्तित्व, जिसे हम जानते हैं, वही है।

11. धर्म वह वस्तु है, जिससे पशु मानव तक और मानव परमात्मा तक उठ सकता है।

12. बाह्य प्रकृति अंतःप्रकृति का ही विशाल आलेख है।

13. तुम्हारी प्रवृत्ति तुम्हारे कार्य का मापदंड है। तुम ईश्वर हो और निम्नतम व्यक्ति भी ईश्वर है, इससे बढ़कर और कौन-सी प्रवृत्ति हो सकती है।

14. मानसिक जगत का निरीक्षक बहुत बलवान और वैज्ञानिक प्रशिक्षणयुक्त होना चाहिए।

15. यह मानना कि मन ही सब कुछ है, विचार ही सब कुछ है, मात्र एक प्रकार का उच्चतर भौतिकतावाद है।

16. यह संसार एक बड़ी व्यायामशाला है, जहाँ हम अपने आपको बलवान बनाने के लिए आते हैं।

17. जिस प्रकार तुम पौधे को उगा नहीं सकते, उसी प्रकार तुम बच्चे को सिखा नहीं सकते। जो कुछ तुम कर सकते हो, वह केवल नकारात्मक पक्ष में है- तुम मात्र सहायता दे सकते हो। वह तो एक आंतरिक

अभिव्यंजना है; वह अपना स्वभाव स्वयं विकसित करता है- तुम केवल अवरोधों को दूर कर सकते हो।

18. एक पंथ बनाते ही तुम विश्वबंधुता के विरुद्ध हो जाते हो। जो सच्ची विश्वबंधुता की भावना रखते हैं, वे अधिक बोलते नहीं; उनके कर्म ही स्वयं जोर से बोलते हैं।

19. सत्य हजार तरीकों से कहा जा सकता है, फिर भी प्रत्येक ढंग सच हो सकता है।

20. तुमको अंदर से बाहर विकसित होना है। कोई तुमको न सिखा सकता है, न आध्यात्मिक बना सकता है। तुम्हारी आत्मा के अतिरिक्त और कोई शिक्षक नहीं है।

21. यदि एक अनंत श्रृंखला में कुछ कड़ियाँ समझाई जा सकती हैं, तो उसी पद्धति से सब समझाई जा सकती हैं।

22. जो व्यक्ति किसी भौतिक वस्तु से विचलित नहीं होता, उसने अमरता प्राप्त कर ली।

23. सत्य के लिए सब कुछ त्यागा जा सकता है, पर सत्य को किसी भी चीज के लिए छोड़ा नहीं जा सकता, उसकी बलि नहीं दी जा सकती।

24. सत्य का अन्वेषण शक्ति की अभिव्यक्ति है- वह कमजोर, अंधे लोगों का अँधेरे में टटोलना नहीं है।

25. ईश्वर मानव बना; मानव भी फिर से ईश्वर बनेगा।

26. यह एक बच्चों की सी बात है कि मनुष्य मरता है और स्वर्ग में जाता है। हम कभी न आते हैं, न जाते। हम जहाँ हैं, वहीं रहते हैं। सारी आत्माएँ, जो हो चुकी हैं, अब हैं और आगे होंगी; वे सब ज्यामिति के एक बिंदु पर स्थित हैं।

27. जिसके हृदय की पुस्तक खुल चुकी है, उसे अन्य किसी पुस्तक की जरूरत नहीं रह जाती। उनका महत्त्व केवल इतना भर है कि वे हममें लालसा जगाती हैं। वे प्रायः अन्य व्यक्तियों के अनुभव होती हैं।

28. सभी प्राणियों के प्रति करुणा रखो। जो दुःख में हैं, उन पर दया करो। सभी प्राणियों से प्रेम करो। किसी से ईर्ष्या मत करो। दूसरों के दोष मत देखो।

29. व्यक्ति न तो कभी मरता है, न कभी जन्म लेता है। शरीर मरते हैं; किंतु वह कभी नहीं मरता।

30. कोई भी किसी धर्म में जन्म नहीं लेता, किंतु प्रत्येक व्यक्ति धर्म के लिए जन्म लेता है।

31. विश्व में केवल एक आत्म-तत्व है, सब कुछ मात्र उसी की अभिव्यक्तियाँ हैं।

32. समस्त उपासक जनसाधारण और कुछ वीरों में- इन दो वर्गों में विभाजित हैं।

33. यदि यहाँ और अभी पूर्णता की प्राप्ति असंभव है, तो इस बात का कोई प्रमाण नहीं कि दूसरे जन्म में हमें पूर्णता मिल ही जाएगी।

34. यदि मैं एक मिट्टी के ढेले को पूर्णतया जान लूँ, तो सारी मिट्टी को जान लूँगा। यह है सिद्धांतों का ज्ञान, किंतु उनका समायोजन अलग-अलग होता है। जब तुम स्वयं को जान लोगे, तो सब कुछ जान लोगे!

35. हम सदैव अपनी कमजोरी को शक्ति बताने का प्रयास करते हैं, अपनी भावुकता को प्रेम कहते हैं, अपनी कायरता को धैर्य आदि।

36. वस्तुएँ अधिक अच्छी नहीं बनीं, हम उनमें परिवर्तन करके अधिक अच्छा बनाते हैं।

❑❑❑